おいしいってなんだろ？

伊藤まさこ

食い意地の張った私は朝から晩までおいしいものを食べていたい、そう思っている。
ああ、おいしい。毎日そう言って、気分よく生きていきたい、本気でそう思っている。
そこでハタと立ち止まりました。
おいしいって、いったいなんなんだろう？　と。
なごむ味、
洒落《しゃれ》た味、
懐かしい味、
とんがった味、
体に悪そうな味、
しみる味、
世の中にはいろんなおいしいがあるものだ。
できたら、なるべくたくさんのおいしいを味わって死にたい。
ここ最近、真剣にそう思い始めた私は、おいしい探しの旅に出ることにした。
時にだれかと語り合い、時にひとりで考える。
始まったばかりの旅は、なんだかおもしろいことになりそうな予感がする。

目次

I

おいしい旅の始まり

II

おいしい話あれこれ

III

おいしさと健康の関係

おいしい話あれこれ

IV

本のこと、写真のこと

おいしい話あれこれ

V

敬愛する あの人と

おいしい話あれこれ

Ⅰ おいしい旅の始まり

京都でコーヒー焙煎家のオオヤミノルさんと。
東京でデザイナーの若山嘉代子さん、写真家の長野陽一さんと。

1 × オオヤミノルさん

おおや・みのる
コーヒー焙煎家。京都出身。オオヤコーヒ代表。
著書に『美味しいコーヒーって何だ?』がある。

伊藤　一流の料理人によって作られた料理を食べて感じる「おいしい」と、お母さんが家族のために作るごはんの「おいしい」。どちらも同じ「おいしい」に違いないのですが、方向が違う。

「食べる」ってただお腹《なか》を満たすだけではない。

「おいしい」って、ただよい素材とよい料理法との巡り合わせによるものではない、と思うんです。

早弁とか、つまみぐいとか、そういう類《たぐ》いの、こっそりとしているからこその「おいしい」もあれば、好きな人やリラックスできる相手と食べるからこそ感じる「おいしい」もある。

旅の高揚感も「おいしい」と感じさせてくれます。

前にオオヤさんが「くだり新幹線で食べる崎陽軒のシウマイ弁当が〝おいしい〟と感じる」とおっしゃっていましたよね。そういう感覚について今日は話したいなと思うんです。

オオヤ　僕は、おいしさというのは、作る側と食べる側の双方の経験とアイデアから生まれるものだと思っているんです。僕のグルメ手帳[*1]に入っている「ふくい」のお好み焼き屋さんは、その意味ですごいですよ。最高の材料を揃《そろ》えている店では決してない。でも限られた金額のなかで、肉は肉として成り立つための鮮度を保っている。上を見ればきりがないけど、節度をもって材料をえらんでいる。

鉄板焼で玉ねぎとキャベツを焼く際は塩も胡椒《こしょう》も使わない。塩を使うと、野菜の水分が出てしまうでしょう。だからラードだけで炒《いた》める。それをさいしょは固めでポリポリ食べ始めて、そのうちしっとりした食感を楽しみます。時間とともに違うワクワクが待っている。

＊1　グルメ手帳　オオヤさんが京都オススメの、とっておき食べ物屋さんを事前にリストアップしてくださいました。〔お昼ご飯〕御料理はやし（京料理）／鳥市（鳥鍋）／白雲（中華）／グリル子宝（洋食）／権兵衛（うどん）〔夜ご飯〕おでんの蛸長／割烹蛸八／居酒屋神馬／糸仙（中華）／ふくい（お好み焼き）／焼肉太香園／カッチャトーリ（イタリアン）

焼きそばはカリカリに炒めて塩胡椒で味付け、キャベツを覆いかぶせてその水分で戻す。特別な調理をしているようには見えないけれど、よく見て、よく味わうと、よくわかる！めちゃくちゃうまいですよ。

伊藤　お好み焼き屋さんといえば、私もこの間、旅の途中でおばちゃんたちが居酒屋さんみたいな雰囲気でやっているお好み焼き屋さんに行きました。地元、姫路ではなかなか予約が取れない人気のお店だそうで、午後三時に行ったのに超満員。

お好み焼き以外のメニューがとても豊富で、みんな思い思いに好きなものを頼んで、昼から楽しそうに飲んでいる。

最初、目玉焼きを注文したのですが、大きな鉄板の上で卵をぱかりと割って焼いてくれるんです。次にベーコンと千切りキャベツも一緒にジュージューし始めて……。出来上がった一皿は、卵の火の通し方やキャベツのしんなり具合、ベーコンのカリカリとした食感の取り合わせが絶妙！

それから、ステーキを焼く時の肉に対するまなざしは、まさにプロでしたね。お客さんと雑談し、時おりお客さんに顔を向けながらも、○・○一秒くらいの繊細さで肉を焼く作業に戻る。おばちゃんたちの腕前に惚《ほ》れました。

オオヤ　「仕事もするけどあいそもする」人たちだ！　お能にも漫才にもオペラにも通ず

る、ランクや種類を超えた美？　いや芸術的なサービスですね。経験と知恵と、才能がものを言う世界。料理屋でも芸の世界でも「化ける」「化けへん」という言い方をします。一人前になってお客さんの前に出られる人は化けている。化けてないが故に、実直なよい仕事をする職人さんもいる。

○　おいしいと運動神経の関係

伊藤　おいしい料理が作れることと運動神経は関係しているのかな？

オオヤ　おお！　運動神経ときましたか。確かに、経験が運動神経を十分に引き出すというふうに考えられるように思います。そして知恵で楽しみを見いだす、と。

こういう時に運動神経という言葉を出してくるあたり、まさこさんは結構な生活者ですね。早起きしてると聞いてから、気になってました。早起きって、雑誌は「朝は清々《すがすが》しい」などと美しく表現するけど、実はもっと実利的なんです。一番体力があって頭がクレバーな時に働いておこうという、損得勘定だと思うんですよね。

伊藤　朝の六時に起きて、だいたいお昼の十二時には原稿書きのピークは終わってます。夕方四時頃仕事を切り上げて、五時頃から飲み始める。それ以降は仕事はしません。二十代で一人暮らしをしている時から早起きなんです。今は夜九時半に寝てますが、そういう暮らしに落ちついたのは、体調管理をきちんとすると健康でいられるし、健康でいられるっていうことは、食べものをおいしいと感じることができるから。食いしん坊心からきた日常のサイクルなんです。

オオヤ　まさこさんが夜九時半に町にいないって想像つきませんよ。お洋服のブランドも夜十時まで店を開けている時代にまさこさんが寝てるなんて（笑）。でも朝一番のごはんはおいしいし、まさしくごはんを食べるべき時間です。僕たち商売人は、この国において、朝という商機を逃しているなぁ。

最近年をとって、全般において、生きていく達人について考えるんですよ。

伊藤　生きていく達人ですか。

オオヤ　例えば弁当の食べ方だとか、料理屋をより楽しむ方法とかです。物をたくさん持っている人が幸せとか、持ってない人が不幸せとか、もはやそういう感覚はなくなりました。金持ちだろうが貧乏だろうが、楽しみや幸せはそう変わらない。

そのあたりのことって、池波正太郎先生や田中康夫先生のような達人が言っているおいしさと通ずる。若い時分に池波さんの『男の作法』や田中さんの『東京ステディ・デート』からたくさんのことを学びました。最高の店でも、場末の店でも、そこをどう使うかは本人次第。食べ手が、店のランクに合わせた礼儀とアイデアを知っておくべきだと思うんです。

伊藤　お金を持っている象徴としてシャンパンを飲んだり、フォアグラとかキャビアとかのいわゆる「高級食材」を食べる。そのものの味がわかって食べる、というより「高い食材が食べられる自分」に酔っている人もいるのかもしれませんね。

フランスはそのあたりの棲《す》み分けがきちんとされているような気がします。シャンパンやシャネルの世界と、かごを持って朝市に行く世界の両方がある。そのどちらも素敵だし、どちらの人たちも、それが普通とばかりに片方の世界を羨《うらや》んだり、ねたんだり、蔑《さげす》んだりしない。

オオヤ　生きていく達人の条件は、ランクにかかわらず〝ていねい〟かどうかだと思います。物はもちろん、人、時間、ひらめきに対して〝ていねい〟かどうか。

〝ていねい〟は幸せの条件ともいえる。言ってて僕は耳が痛いのですが。

伊藤　私の母は、とても料理上手なんですね。私は職業柄と趣味とで、食材にこだわるし新しい味を試すのが好き。でも母は自分の足で買いに行ける範囲のいつもの調味料で、きちんとおいしいものを作るんです。

どうしてだろう？　と不思議に思っていたのですが、母が台所に立つ様子を見ていてわかったんです。
素材に合った切り方、下ごしらえの方法、保存方法に至るまで、とにかく作業のひとつひとつがていねいなんです。
お母さんがつくる家のごはんって、そういうことなんだなぁとしみじみしました。

○　礼儀とアイデアとていねいさ

オオヤ　ていねいって、僕は考えることから始まると思ってます。コーヒーを淹《い》れる際、「ていねいに」と言うと、みんな時間をかける。でも時間をかけると、一滴と一滴の間が長くなるだけで結果おいしくならない。ていねいな人はおうおうにして早いもんです。早さには運動神経が要《い》り、運動神経には経験と知恵が必要です。

伊藤　スタイリングの仕事をしていると、「盛りつけ神経いいね」と言われますが、それも運動神経？

オオヤ　スタイリングの世界はアートのようですね。アシスタントが置くのと、先生が置くのでは全然違う。
スタイリストの仕事を見てると、積み重ねがあるようでないような。どれだけ積み重ねても、能力や才能がないとどうにもならないアートの世界。

伊藤　以前オオヤさんのコーヒー教室にお邪魔したとき、生徒さんたちがオオヤマジックにかかってましたよ。あれもアートの領域（笑）。みんなすごく真剣にオオヤさんの話を聴いてました。

オオヤ　あれはアートではなく、明石家《あかしや》さんま師匠の流れを汲《く》む芸の領域です（笑）。

　おいしいものは自分で取りに行かないと手に入らないということは、コーヒー教室でも伝えようと思っています。何か覚えたらおいしいものが手に入るわけじゃない。おいしいコーヒーの秘訣《ひけつ》は、おいしい豆をきちんとえらびきちんと淹れる。そのための知識をつけましょうという教室です。コーヒー豆にもいろいろあるんです。チェリー味とか、ドライフルーツ寄りの味とか。「君たち、自分で考えなさい」って、面白く教える。ボクが化けられるか、問われている局面です。

　そうそう、僕、まさこさんの娘さんのために最高の鶏肉をこの間送ったじゃないですか。栗を詰めて焼くような鶏。それでまさこさんに「どうやって食べたの」って聞いたら「揚げた、素揚げにした」とおっしゃいましたよね。なるほどーと思いましたよ。さすがです。それって一番おいしい食べ方だよ。

伊藤　まるごとだったから、全部同じ調理法でいろんな部位を食べ比べてみようと思って。

オオヤさんが送ってくれたんだから、おいしいのは間違いないと思って、ダンダンッとぶつ切りにして、ごくわずかな醬油《しょうゆ》とお酒だけを下味にして片栗粉をつけてシンプルに揚げたんです。おいしかったなぁ。

オオヤ　部位ごとに味わい尽くすとは悪魔の発想だ！　恐ろしい親子（笑）。

伊藤　え？　悪魔!?　私のこだわりは、晩ごはんの時に前日の余りを食卓に出さないこと。今日の晩ごはんは今日食べたいものを作る。残り物は昼ごはんで辻褄《つじつま》を合わせる。自分なりの、その日のごはんのイメージを大事にすることです。

オオヤ　それは辰巳《たつみ》浜子《はまこ》さん的発想だな。

伊藤　浜子さん、いいですよね。『娘につたえる私の味』や『手しおにかけた私の料理』など何冊か持ってます。

オオヤ　戦後の著名人グルメを唸《うな》らせた人。時代背景もあって料理の材料は案外質素。ただ分量、調理法はアイデアと経験のカタマリです。コーヒーの焙煎《ばいせん》で悩んだ時に、僕も著作を読み返してます。失敗して考えてもう一度トライの積み重ねを、辰巳さんの本は教えてくれます。

○　食べ込み経験とバランス感覚

オオヤ　経験といえば、まさこさんがおいしいものをたくさん知っているのは、よく食べてきたからですかね。

伊藤　そうそう、すごい食べ込みをしてきましたよ。二十代の頃、毎日食べ込んだ。

オオヤ　「食べ込み」か。いい言葉です。

伊藤　ほぼ毎日フランス料理を中心に食べ歩いていました。同じ店でも季節によって食材も違うし、シェフの体調や気分によって味も違う。

だから、気になる店にはかなり通い詰めましたね。

新しい店ができたから行こうというグルメ的な方向ではなくて、この人の作る素晴らしい料理のことをもっと知りたい！　っていう探究心。その食べ込み経験が今につながっているのかも。

オオヤ　食べ込み大事だ。

伊藤　大事です！　それと「積み重ね」ですかね。それは子育てにも反映させています。私が娘にできることは見守ることくらいなのですが、でも、食べることが大事ということは伝えられるかなと思って。

ていねいに料理をし、料理に合った器をえらぶ。それによって器の扱いも自然に覚えますしね。毎日の積み重ねで、そんなことを覚えていってくれたらいいなと思って。

こんなふうに言うと、さぞかししっかりしたお母さんと思われますが、「もう今日は疲れて何も作れない」とぐずることもあります。親だって人間！　というところも多分に見せてます。あとよいと思った店にも連れて行きます。コート・ドールのようなフランス料理店にも一緒に行くし、町の定食屋やのみ屋にも行く。

さっきオオヤさんがおっしゃった「食べ手が、店のランクに合わせた礼儀を知っておくべき」ということ、それを娘にも知ってもらいたいと思う。

オオヤ　自然派の家で育った子にはコンビニデビューがありますね。自然の味は引いたり重ねたりして作るけど、コンビニやファミレス、缶飲料の味はコントラストで作る。コントラストの味は強い。手作りのおいしいラーメンばかり食べて育って、いきなりインスタントラーメンに出会うと、これまたうまく感じます。フライ麺にバターを入れて胡椒でも入れようものなら虜《とりこ》です。だから人生、どちらも理解しながら味わってたほうがバランスがいい。

伊藤　私はあまり自然食にはこだわらないかな。体が否定するものは避けるけれど……。

オオヤ　自然食だけの人は、レストランにも行かないでしょう。オシャレしてって、ソムリエといろんな相談しながら注文するの楽しいですけどね。

伊藤　いつも、自分の欲求のままに、食べたいものを食べたいだけ食べるので、この間大変な思いをしました。

　私の誕生日は二月九日。「にくの日」なんです。

　今年はみなさんが気を遣ってくださって、誕生日前後、私の好物の肉食事会が相次いで、十日間で相当な量の肉を食べたんです。

　なんだか体が重いなぁ、肌の調子がよくないなぁと思っていたところで、かかりつけの鍼灸院《しんきゅういん》に行ったら、先生が「ずいぶんタンパク質を摂《と》った顔をしている。当分、野菜だけで過ごしてね」って。

　なんでもお見通しです。

　肉は大好きだけれど、何事もやり過ぎはよくないんだなぁと反省したできごとでした。

　私の父は、魚やひじきの煮物、おひたしばかりが並んでいると、「これで終わりか？」と言う人だったんです。そんな父だったので食事は肉中心の肉食家系。それが当たり前と思って育ちましたが、のちのち伊藤家の食卓は当たり前じゃないと知りました（笑）。

○ 熟成した肉や魚や果物

オオヤ　肉といえば、ビフテキは僕にとっても特別でした。夏休みの宿題が終わったら、父に地元の「スター食堂」という有名レストランに連れて行ってもらってビーフステーキを食べるんです。豚《とん》テキだとがっくりで。

伊藤　どうしてビフテキが特別なんだろう。

オオヤ　やっぱり高いしおいしい。でも思うのは、赤い肉は血の味がしますね。

伊藤　一口食べた時に血がたぎる感じ、あります。よっしゃーみたいな。

オオヤ　いい血の味はいろいろな味がする。

伊藤　命の源を食べているような。

オオヤ　赤い肉は噛《か》みますしね。

伊藤　羊とはまた違う。熟成肉はどう思います？　最近、とても流行《はや》っていますけれども。

オオヤ　熟成魚のほうがセンセーショナルかな。

伊藤　熟成魚？　なれ鮨《ずし》？

オオヤ　いや、小倉に「小山《こやま》」[*2]という店があって。そこの寿司はほぼ熟成。魚の青い脂を熟成させるんです。柑橘《かんきつ》の皮の味がする。

伊藤　熟成肉を食べるときは、その日に向けて自分の体調を整えます。

オオヤ　フレッシュで、よく管理された赤肉はするする入る。それでお酒をがぶっと飲んでまた食べて。

伊藤　そうそう、熟成肉はそうはいかない。

オオヤ　広島に「チャテオあくさん」という小さな店があって、ここは熟成と薫製がすごくて、お酒のセレクトも素晴らしい。食材のよさと調理のアイデアが、ランクや種類にしばられない、稀《まれ》なお店です。この店の技術と目利き（経験）のアナーキーなコンビネーションは芸術的なＣＰ（コストパフォーマンス）に反映されています。安いかといえば安くない。高いかといえば高くないのです。

伊藤　どんな食べものがあるんですか。

＊2　小山　福岡・小倉駅からほど近いところにある、熟成ネタの寿司店。オオヤさんの話に触発されて、小倉に寄った際、お邪魔しました。大将の知識と経験、センスによって作り出された熟成魚のお寿司は、驚きと発見に満ちていました。まだまだ私の知らない「おいしい」があるんだとしみじみ。お寿司はもちろんですが、お寿司に行きつく間での料理も素晴らしかった。不思議なことにたらふく食べてお酒もたくさん飲んだのに、翌朝はお腹がすっきり。これも「熟成」の為せる業？

オオヤ　熟成ステーキや葡萄《ぶどう》の薫製とか。皮付きの葡萄を薫製にしてて、干し葡萄とは違う。皮のまわりだけが薫製。口に入れるとふわっと香りがたちあがる。強めの白ワインが合います。

工芸界の大先輩がこのお店を教えてくれました。京都に店をつくった時に〝お祝い〟と言って、リンゴの薫製をギーで和《あ》えたのを送ってくれた。ギーというのはバターオイルの一種。コーヒーと聞いて、リンゴとギーとは本当にマリアージュを知り尽くした人だと思いました。間違いない店の一つです。

ＣＰとおいしさは確実に関係する。僕、倉敷で店をやってて、そこではできるだけ安く提供したい。コーヒー三五〇円、トースト三〇〇円とか。自分で言うのもなんですが、本当においしいカレーを五〇〇円で出してます。ところがお客さんが来ないんです。五〇〇円のカレーだと「しょうもないもの出されると思った」って。だったら最初から七〇〇円にしたほうが説得力があるのかなと思ったりしますが、それも違う気がする。

要するに、五〇〇円のちょうどよいおいしさがあって、それより上でも下でも変なんですね。

そういう意味では日本のコーヒー屋はすごいです。例えば、今、イノダコーヒーでお話ししてるのですが、こちらの店のコーヒーは日本スタイルで、店員は「お砂糖はどうしますか」「ミルクはどうしますか」とサービスしてくれる。おかわりの水もくれる。本来この値段では無理なサービスです。

コーヒーの正解は、アメリカ西海岸式キャッシュオンデリバリーなんです。それだと、コーヒーのグレードを下げずに、それなりの味のコーヒーを出せます。でも、サービスをするなら、豆のグレードが下がる。もしくは円形カウンターで、中で働く人がついでにサービスもするしかない。

○ 最高の最低か、最低の最高か

伊藤 そもそも、オオヤさんは何がきっかけでコーヒーの世界に入ったんですか。

オオヤ もともと喫茶店で働き始めて、気づいた時には引き返せなかった。六曜社地下店という、奥野修さんがやってた店。その人がかっこよかったんですよ。

伊藤 「かっこいい」かぁ。

オオヤ 六曜社地下店は自家焙煎のコーヒー豆しか扱っていない喫茶店。小難しいことを言うわけでもなく、スタイリッシュだった。あと町中にあるのもよかったんです。たくさん人が来るところでやるからその値段でできる。いろいろなことを奥野さんから教えてもらいました。

最近のコンビニコーヒーは本当においしいんですよ。ファミマの一〇〇円コーヒーはチェーンのコーヒー屋より相当いい。よりおいしく飲むには、半分コーヒーが入ったところであとはほかして、それにちょっとだけ砂糖を入れる。コーヒーは最初がうまい。最後まで入れちゃうと出がらしが含まれてしまう。だから半分でやめる。なおかつ質のいい豆を使っているわけではないから、砂糖で味をリ・デザインする。経験と知恵で一六〇円のコーヒーが三二〇円くらいにはなる。

ファストフードのコーヒーでは、マクドナルドが一番。

伊藤　私もマクドナルドのドライブスルーを見かけると、コーヒーを買うために自動的にウィンカーに手が……（笑）。

あの値段であの満足感、いいですよね。

高松のうどん屋さんはおいしくて、安いですよね。この値段でこんなにおいしいものを食べられるなんて。セルフサービスだからかな。

オオヤ　求める人々の元に求めるものがあると、値段や味、サービスに奇跡が起こりますね。

ただ、京都人からすると、香川のうどんは固い。例えば先ほどお昼ごはんでいただいた祇園四条の権兵衛のほうがよりおいしい。でも権兵衛は高い。きつねうどんでも七〇〇円、八〇〇円する。高いといえば高いけど、その高さはあまり気にならない。甘辛く炊いた特注のお揚げさんと青ネギがたっぷり載ってて。

伊藤　うん、高いとは思いませんね。特に冬など、あったかいおうどんが体に沁《し》みて、ありがたや〜と拝みたくなるほど。

オオヤ　権兵衛はうどんの種類によって出汁を使い分けているみたいです。他のうどん屋にない満足がある。

伊藤　働いている方たちもいいですね。白衣がぱりっとしてて、きびきびしていて。

オオヤ　京都にはいなり寿司や巻寿司をおいてるうどん屋もあります。ショーウィンドウにおこわやおはぎが並んでる。日本のバールです。そういうところのいなり寿司は、三つ葉の代わりにきゅうり、干瓢《かんぴょう》を高野豆腐で代用する。だけども絶妙にうまい。

　高い材料で時間をかけて、勉強した人が作る最低を食べるか、あるいは安い材料でCPで鍛え上げられた人の最高を食べるか。ランクの低いものの最高と、ランクの高いものの最低は一緒ではない。ランクは実は上下関係ではなくて、世界が異なる。高いランクの最低を食べるくらいだったら、低い世界の高いところを食べたい。

伊藤　おいなりさんは、やっぱりおいなりさんだから、庶民の味がいいと思う。

前にテレビで選び抜かれた卵や鶏肉で親子丼をつくるというのを見たんです。たしかにおいしそうなんだけれど、身近なスーパーで買った鶏肉と卵で十分なんじゃないかな、と思いました。

ほどよい加減、っていうのかな。そんな肩肘はらない気の持ちようで作ったほうが、親子丼には合う気がする。

オオヤ　一世一代の汗臭い寿司みたいな感じ。

伊藤　そうそう（笑）。たまに、上から下まですごくこだわっていいものを着ているけど、全体的に「変」な人いますよね。それと同じ感じ。似合ってない居心地の悪さ。五〇〇円のカレーと三五〇円のおいしいコーヒーは居心地がいいと思いますよ。

オオヤ　ありがとうございます。話していて、倉敷の店に足りてないものがわかってきました。

○　マリアージュは小さな、最大の愉しみ

伊藤　私、銀座に行くと必ず寄る場所があるんです。

それは……千疋屋《せんびきや》！

フルーツの素晴らしさは言わずもがなですが、生クリームやアイスクリーム、それぞれ別々に食べてもおいしいものをすべて一緒のスプーンに入れて一口で食べる幸せ……店を出た時に確かな満足がある。

オオヤ　マリアージュは小さな、最大の愉《たの》しみですね。何と何を一緒に食べるとおいしいですか。世紀の大発見は？

伊藤　毎年、カリンのパテを作るんです。カリンをジャムよりもうちょっと煮詰めると、ペクチンが働いてパテ状になる。それを切って、セミハードのチーズと一緒に食べるんです。もともとはフランスやスペインのチーズ屋さんで売ってたのを真似して作ったのですが、以前住んでいた信州ではカリンが採れたので、ならば自分で作ってみようと思って。あとはハチミツとチーズの組み合わせとかね。

オオヤ　チーズはえらびますか。

伊藤　強いもの同士、例えばゴルゴンゾーラと栗の花のハチミツなども好き。

つい最近はパルミジャーノを薄切りにして、コムハニー（巣蜂蜜）をその上に載せたり。でも気分によっていろいろです。ハチミツは旅先で買ったりいただいたりして、いつも二十種類くらい家にあるかな。

オオヤ　チーズとハチミツ、繰り返す天国と地獄ですね。僕は国産のハチミツがあんまりおいしいと思えない時がある。水飴《みずあめ》っぽいな、と。

伊藤　おうちのホットケーキを食べる時は、そういうハチミツがいいなぁ。

オオヤ　なるほど。ハチミツとしてはランクが低くても、組み合わせでおいしくなる！それこそ運動神経だ。

伊藤　こういう場合にこういう味っていうベストの組み合わせがあるかもしれませんね。チーズの時はこっくりしたハチミツが好きだし、ホットケーキの時は日本産の昔ながらのがいいし。オオヤさんがお気に入りの食べ合わせは？

オオヤ　アールグレイ味のアイスクリームに、フルボディのコーヒー豆を浅焼きに焙煎し、抽出したコーヒーを合わせること。アイスがとけると終わり。

マリアージュを何とか日本語にすると〝出会いもの〟となるようですが、出会いものは旬というルールがあるのでより稀少《きしょう》で、七夕のようにロマンチックです。

○　市場で旬のものと出会う

オオヤ　町でいい食材を探すのも苦労するようになりましたね。昔は聞くべき人が町にいましたけど。

伊藤　京都も変わってきてますか？

オオヤ　もちろんまだ精肉店はあるし、八百屋さんも魚屋さんもそこそこはあります。例えば鶏のパテを作るのに白レバーが欲しい時、京都の場合は鳥屋に相談です。「どんな料理しはんの」って聞かれて、「生薑《しょうが》と一緒に炊く」とか、「洋風」とかね。そういう話ができると健全です。

野菜の味はこの五年くらいでずいぶん薄くなったなぁ。人参《にんじん》の味がしない。仕方ないから、どうしても人参の味を出したい時は金時人参を使います。

伊藤　それを考えると、数年前まで住んでいた松本は豊かでした。市場で旬の野菜を、鶏肉は鳥屋さん、豚肉は肉屋さん。

今は肉は明治屋。野菜は近所の成城石井が多いかな。ワインは信頼を置いているワイン屋さんから定期的に届けてもらっています。

ときどき、鎌倉の市場に行ったり、築地に行ったり、取材で地方に行った時に地元の野菜を買ったり。

そうそう、近所の大型スーパーで売ってる冷凍肉がすごくいいんですよ。牛タンまるごととか、連なっている骨付きラムとかがおいしいんです。そこのスーパーでは他のお客さんが何を買っているかついついチェック。みんな意外に加工食品や冷凍食品、合わせ調味料を買っているんですね、大量に。小さな子どもを連れているお母さんがそればかりだとちょっと心配になる。

オオヤ　コンソメ文化はまだまだ根強い。かつて家庭でお母さんが洋食的なものを作る時、何にでも固形コンソメを入れました。玉ねぎをていねいに刻んでしっかり炒めれば、コンソメを使わなくても出汁が出るけど、ちゃちゃっとコンソメを入れちゃう人が多かった。デザインの味はほんとうにはおいしくない。

伊藤　ポタージュスープを作る時はバターと玉ねぎをじっくり炒めて、あとは野菜と水。それか牛乳。味つけは塩のみ。それだけでおいしいなぁ。

オオヤ　バターは出汁になるし、バターの代わりにアボカドを使うとか、そういう話で盛り上がると楽しいですね。僕ら世代はガールフレンドと、にんにくを真っ黒こげに揚げて、ホールトマトで煮るだけで外国みたいなスープができる、なんて話したもんですが（笑）。あの時代インターネットもなくて、映画で見た料理を再現したりとか。

伊藤　失敗しても、次こうしてみようと考えるのもまた楽しいですよね。と言いつつ、お腹が空《す》いてきましたね。そろそろおいしいものを食べに行きましょう。[*3]

＊3　オオヤさんが連れていってくれたのは居酒屋神馬《しんめ》。なかなか予約が取れず、晴れて今回、初・神馬がかないました。お酒を頼んで、お腹が空いたら、きずしやにしんの煮物（茄子《なす》と一緒に炊いたもの）を頼んで……。なんとも居心地のよい店。家の近くにあったら最高に幸せ。

2 × 若山嘉代子さん

わかやま・かよこ
岐阜県生まれ。グラフィックデザイナー。武蔵野美術大学時代からの友人、縄田智子とグラフィックデザイン事務所レスパース（L'espace）を主宰。書籍を中心に幅広く活躍。

伊藤　私が若山さんのデザインに初めて触れたのは高校生の時。堀井和子さんの『堀井和子の気ままなパンの本』でした。

綴《と》じるところがリングノートのようになっていてそれがとても新鮮でした。初版は一九八八年なんですね。

若山　八四年にニューヨークに半年間滞在した時、このリングの本を友人にいただいて。写真のないレシピだけの本だったのですが、普通の製本よりページがちゃんと開けるのでよくできているなと思って。堀井さんに初めてお会いした時に見せたら「それでやりましょう」となりました。

でもその後いろいろありました。まず、リングが他の本を傷つけるから、箱に入れなければ流通で本として扱ってもらえない。版元が提案してくれたのが手触り感のあるカラーの段ボール紙でした。それでリングの部分もしっかりカバーして売り出すと、とっても評判がよくてシリーズで五冊作りました。版を何度も重ねるうちに、段ボール紙の汚れが返品の原因となり結局プラスチック製に切り替わりました。

伊藤　私が持っているのはプラスチックのカバーです。あまりに素敵で、「料理本って、こんなにもおしゃれなんだ！」とすっかり影響を受けて、学校帰りに自由が丘のキャトル・セゾン・トキオに寄っては堀井さんの本に出てきそうな柳のトレイやワッフルのクロスを買いました（笑）。家でお菓子を作って自分で写真を撮って……とても楽しかったです。

　今にして思えば、私がスタイリストになりたいと思ったきっかけは若山さんがデザインされた本だったんですね。私と同年代のスタイリストや料理家は少なからず堀井さんや若山さんの作り出す世界に憧れていたと思います。

若山　私はともかく、堀井さんはそんな存在だったような気がします。料理、エッセイ、写真、イラストをひとりでこなし、しかもそのレベルが高かった。新鮮でしたよね。

伊藤　高校生くらいだと、まず著者の名前に目がいきますよね？　そのうちだんだん後ろにあるスタッフクレジットに目がいくようになって……。本って著者だけじゃなくて、いろいろな人が関わってできるものなんだと知ったんです。

特にかわいいな、素敵だなと思う本は、デザイナーさんの役割が大きいということもわかってきた。

若山さんがデザインされている本はそれまでの料理書とまったく違っていました。なんていうかな、すらっとした佇《たたず》まいでとにかくおしゃれだったんです。

洋書にしかなかった空気感が日本の料理書でも感じられるようになった。

若山　ニューヨークでの経験が大きいのかもしれません。その頃の日本の書店では、料理書というと冠婚葬祭のコーナーの一角、奥の棚にしか置いてなかった。でもニューヨークでは、インテリアの本などと一緒にライフスタイルの一環として目立つところに料理書が並んでいる。料理書をプレゼントする人も多い。後から聞くと、アメリカもずっとそうだったわけではなくて、八〇年代くらいから変わってきたみたいです。

ニューヨークでは日常の生活用品がとにかく洒落ていた。ディーン&デルーカやヘンリベンデルなど、デリカテッセンやファッションのセレクトショップで食器を売っていた。日本では日常のいいものはあまり置いていない。だから外国に行くといろいろ買い込みました。

伊藤　若山さんがデザインされる本から、外国の空気が感じられたのは、ニューヨークで過ごされた時間が大きく影響していたんですね……。

若山　もともとアメリカにはあまり興味がなかったんです。でも八〇年に、大学時代の友人だった縄田智子と二人で事務所（レスパース）を始めて数年間、何かモヤモヤしてて。仕事は忙しくしているけど、ちょっと違う感じ。そんな時に、友人夫婦がニューヨークに住んでいたので八三年に思い切って行ったら、すっかり気に入って翌年半年住みました。

伊藤　モヤモヤは取り払われたんですか？

若山　ぼんやりとしていましたが、今までと違う食をやりたいと。帰国した翌日、「奥様手帖」をやりませんかという電話をいただいて、びっくりしました。

○　日々、実験的な挑戦

伊藤　「奥様手帖」にはいろいろな方が出てらっしゃいますね。料理家や料理にまつわる仕事をされている方だけでなく、糸井重里《いといしげさと》さんから遠藤周作《えんどうしゅうさく》さんまで！　レシピの紹介にとどまらず多方面から食を取り上げている構成。

若山　ちょうど担当の部長さんが代わってリニューアルを任せてくださった。編集内容にも関わらせてもらったので、編集者、カメラマン、料理家……とたくさんの方と知り合うことになりました。

伊藤　なるほど。今の日本の料理界の礎を作られた方々……。

若山　当時の私には「知らないこと強し」みたいな感じがあって。例えば上野万梨子《うえのまりこ》さんのご自宅で撮影する際に、冷蔵庫の中で出来上がりを撮らせてくださいとか。冷蔵庫に入っていた食材を全部出してもらって。当然上野さんも最初はムッとされてたと思います。

絶対に嫌われたと思ったけど、その後、食事に招《よ》んでくださって、パリに住居を移す前に本を一緒に作ってくれないかと誘っていただいた。うれしかったです。

伊藤　『DINNER』と『DESSERT』ですね。料理はもちろんですけど、料理とお皿のコーディネートを見るのも楽しい本です。

若山　三泊四日でパリに、上野さんと撮影用の食器を買いに行きました。『パリのお惣菜《そうざい》屋さんのレシピ』『パリのお菓子屋さんのレシピ』では企画・編集もやらせていただいた。

伊藤　『お惣菜屋さん』は料理の写真以外に街の風景写真もふんだんに入っていて、パラパラと本を眺めているだけでパリを旅しているような気分になります。雰囲気がとても素敵。『お菓子屋さん』も同様に大好きで、この本を見てお菓子をたくさん作りました。特にカトルカールのページはバターのシミなんかがついてボロボロ！ レシピも暗記してしまったぐらい。スタイリングもかわいくて……。

後に若山さんがスタイリングされたとうかがって、ますます若山ファンに！（笑）

若山　うれしいですね。こういう感じの本は、当時あまりなかったかもしれませんね。同じ形でパトリス・ジュリアンの本など、いろいろ出しました。

伊藤　以前「ひとつひとつの仕事は思い入れを持ってやるけれど、終わると熱い気持ちを忘れるほうです」とおっしゃってましたが、だからこそ新しいことに挑戦できるのでしょうか。

若山　前のことも先のことも、あまり考えてないんです。でもこの頃はとにかく何でも面白がってました。その後、「奥様手帖」を見て面白いと思われた編集長が、「元気な食卓」という新雑誌を八六年に立ち上げるときに声をかけてくれます。多方面から食を捉《とら》えた面白い雑誌でした。

伊藤　九四年に出たアリス・ファームの『シェーカークッキング』も、私、大好きでした。料理だけでなく、シェーカーの人々が作り出す家具やシェーカーボックスなどの暮らしの道具に目が釘付け。

ハードカバーも新鮮でした。こちらも若山さんディレクションで写真が長嶺輝明さん。ちょうど私がスタイリストとして仕事を始めた頃で、長嶺さんと知り合ったのもこの頃です。

リアルタイムでこの本を読んだ感動を長嶺さんに伝えた覚えがあります。

若山　この本は宇土さん、藤門さん、長嶺さんの四人でニューヨークからメイン州まで、取材しながら旅をしました。アリス・ファームも「元気な食卓」で特集していたのが始まりです。この時の編集長が書籍に移られて、栗原はるみさんの『たれの本』など四冊を出しました。五冊目に「好きなことをやっていい」となって初めてレスパース編という形で作ったのが『勝手におやつ』。

伊藤　いろんな方のおやつが載っている、すごく楽しい本で大好きです。横開きも横組みの文字構成も新鮮でした。

若山　『勝手におやつ』は、食のスタイルはひとつではないとずっと思っていてできた一冊です。between two meals というコンセプトで、食事と食事の間の食べ物の提案でした。食事だと「こうあらねば」というのがあるけれど、おやつだと自由でいいでしょう。

判型も料理書らしくない正方形にしました。写真は四十数点しかなかったけど、それでは売れないからレシピは二倍以上に増やして。

この頃は本が売れたんです。いい時代でした。自分がいいと思うものがどんどん売れた時代。

伊藤　売れるということはチャレンジもしやすいということでしょうか？

編集者も面白いことをどんどん試みた時代……。最近、仕事のご依頼をいただく際に、こういう本を作りたいという提案が編集者からあまりないんです。まず「何がしたいですか?」と質問を受けるところから始まる。

信頼してくれているということかしらと、最初はいい意味で捉えていましたが、あまりに受け身だと、どうして編集者になったんだろうな……とついつい思ってしまいます。変な企画でもいいから、どんどんこちらに投げて欲しい。迎え撃つぞ!　という気分にさせて欲しい(笑)。

若山　伊藤さんはそういう点で難しいほうにいきますよね。そのまま出しても売れるのに、「このままいくの?　もう少し考えたほうがよくない?　加筆しますよ」みたいに言って、人任せにしないで自分できちんと考えているから、読者にもそれがわかるんじゃないかな。堀井和子さんともそういう仕事をしていました。納得できるまで……。

○『母のレシピノートから』のオレンジ・マジック

伊藤　仕事に慣れてしまってはだめだなとはいつも思ってます。

難しいほうへ、大変なほうへ。苦労して出来上がった本の出来がいいとうれしいし、それが売れるとやった！　という気持ちになりますよね。

若山さんはいつもさりげなく方向性を示してくださいます。

私の著書『母のレシピノートから』は、オレンジの表紙が新鮮でした。最初にデザインを見た時、「え！　そうきたんですか!?」という驚きがありましたね。

内容から、実はもっとほっこりと懐かしいデザインがあがってくるものだと勝手にイメージしていて。でもオレンジ！

どうしてオレンジだったんですかとうかがったら、「まさこさんはスポーツカーに乗ってるし、電車が嫌いで、人ごみが嫌いでしょう」って（笑）。

まだそんなにプライベートなことをお話しする仲ではなかったのに、打ち合わせの合間になんとなくしていた雑談から、著者である「私」を感じ取ってくださっていた。

とても思い出深い大切な一冊です。今も台所に置いてあって、この前は娘が本を見ながら、たたききゅうりのサラダを作ってくれました。

若山　まさこさんのスタイリングで、井上絵美さんの『おいしいものに恋をして。』やアフタヌーンティーのレシピブック『AFTERNOON TEA RECIPE BOOK』も作りましたよね。どちらも好きな本です。

伊藤　スタイリストとして自分の著書とはまた違った角度から若山さんとお仕事できたの

も、うれしい財産。

まず著者ありきで、その人が何をしたいのか、どんな本にしたいのかを若山さんと一緒に探れたのは本当にいい経験になりました。

スタッフが行き詰まると「こうしてみては?」と静かに手を差し伸べてくださるのですが、結果として若山さんのアイデアのおかげでいい方向に向いていくんです。みんなであでもない、こうでもない……と言いながら、最終的に若山さんの舵取《かじと》りでまとまる感じです。

いつも思うのは、若山さんらしさがきちんとあるのに、それが決して表面に出てないところ。

若山さんのデザインのすごいところです。

○ いろいろな「おいしい」をデザイン

伊藤 おいしく見えるデザインというのを意識されたことはありますか?
若山 「おいしい」っていろいろだと思います。だから自分の「おいしい」を本に強く出してはいけないと思います。もちろん基本的にゆずれないこともありますが。共感すると

若山嘉代子
さんの
デザイン

『堀井和子の気ままなパンの本』（堀井和子、白馬出版、1987年）堀井さんが84年から３年間ニューヨークで暮した間に撮りため帰国後１冊にまとめた初の著書。

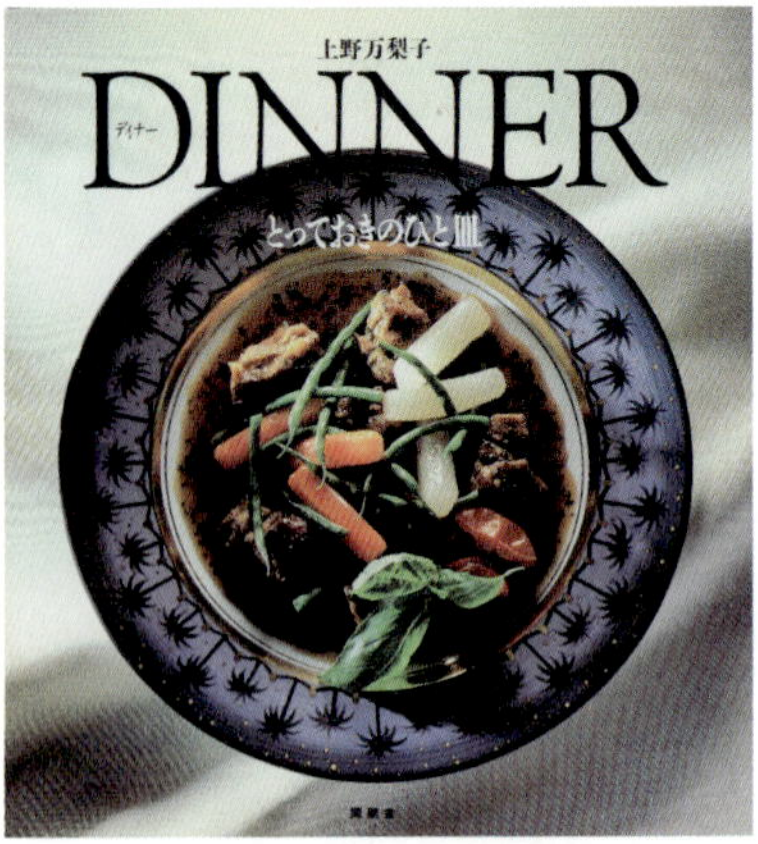

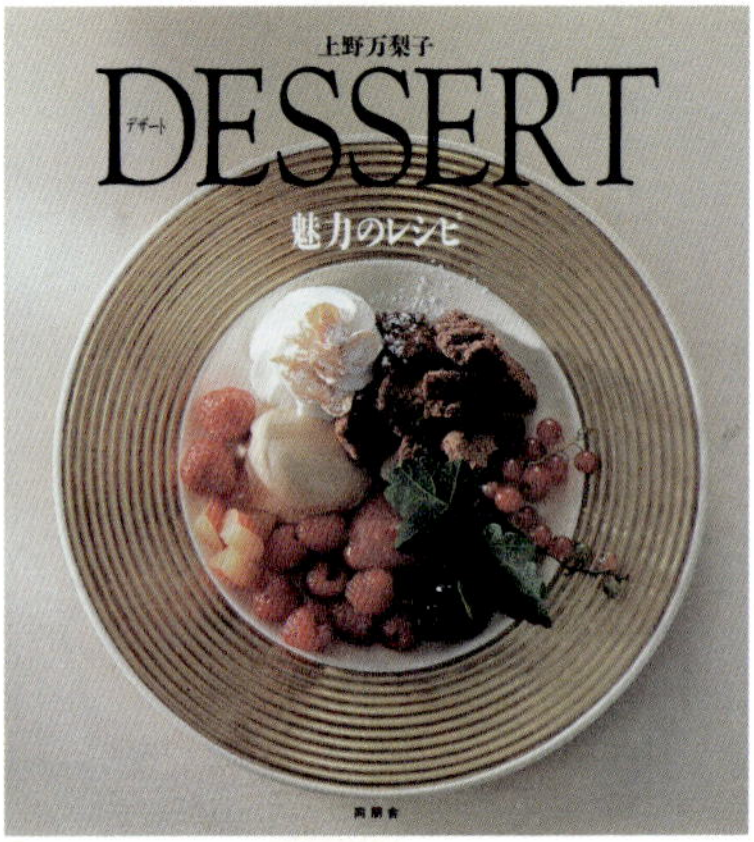

『DINNER』『DESSERT』（上野万梨子、同朋舎出版、1991年）「著者の上野万梨子さんと撮影用の食器を買いにパリへ行きました」PARIS ROYAL、MOLIN、GIAN など、まだ日本になかった器を持ち帰り、内容を詰めたのだとか。撮影は長嶺輝明さん。

「奥様手帖」1960年創刊の味の素による小冊子。B6サイズの横長で月刊、頒布形式で配布。1年間分を綴じたファイルの表紙。86年から89年までを担当。

「奥様手帖」本文より
右上・上野万梨子さんの冷蔵庫の中を撮影。　左上・お手製のざぶとんとはんこキットで中華をスタイリング。　左下・1984年の渡米中にDEAN & DELUCAで購入した黒い皿を使って。辰巳芳子先生の朝ごはん。

いうか、著者の考えにできるだけ寄り添って、どう表現するのがいいか考えるのが、デザインの一番楽しいところです。

本以外にも、パン屋さんのロゴや包材、デパートの食カタログ、老舗《しにせ》の洋菓子店のパンフレットや包材などのデザインもやってます。また、違った「おいしい」の表現ができて楽しいですよ。

伊藤　デザインはどのようにして生まれるのでしょう？

若山　作品を作っているわけではなく、勝手にやっていいものではないので、依頼者の意図を聞いて、その条件の中でどうクリアできるかを考えます。条件さえクリアすれば、相手のイメージしていないデザインでもいいと思います。それが想像以上のものなら驚いて喜んでくれる。

本のデザインは、まず本文のデザインから始めます。本文をレイアウトしていると、徐々に方向性が見えてきて、これでなければと思うところがあります。

一通り作業をして寝かせるんですよ。寝かせて改めて見ると答えがあるんです。

伊藤　夜中のラブレターみたいですね。

グラフィックデザイナーになろうと思ったのはいつ頃からだったんでしょうか？

若山　この間、びっくりしたことがあって。小学一年生のときに全科目ごとにテストを自分で綴じて「りかさくひん」などとタイトルと絵まで付けて本を作ってるんです。母がとっておいてくれてました。

伊藤　その頃からグラフィックデザイナーという仕事があることをご存じだったんですか？　すごい……。

若山　実家が印刷業だったので印刷が身近だったからかな。子どもの時のアルバムは母が表紙用に服地を渡して、製本の職人に作ってもらっていたみたい。大きさも柄もバラバラです。でも、テストで「さくひん」を作った記憶はなかったので驚きました。少々オタクですが、本を作りたいというけなげさは出ていました。

伊藤　最近、本屋さんに行くと料理の本が本当にたくさん並んでいますよね？　私は裏方を知っているから、ああきっとこの本は短期間で撮影したんだな、とか食器はすべてリース屋さんから借りてきたんだな、とか感じてしまう。もっと工夫のしどころがあるんじゃないかな、と中堅スタイリストになった私はついつい老婆心……（笑）。

若山　リース屋さんで借りることは否定しないけど、リース屋さんがなかった時代にはみんなで知恵をしぼって議論していました。今でもそうすればもっと面白いことができそうなのに。議論は苦手な人が多くなりましたね。

『パリのお惣菜屋さんのレシピ』『パリのお菓子屋さんのレシピ』（上野万梨子、レスパース編、文化出版局、1994年）91年に上野さんが住まいをパリに移した後の本。「パリでお惣菜屋さんをやりたいと言っていた上野さんの話を思い出し、本の中で実現させました」と、若山さん。若山さん×長嶺さんのゴールデンコンビ。パリの空気感が伝わる一冊。

『シェーカークッキング』（宇土巻子、柴田書店、1994年）著者の宇土巻子さん、シェーカーにつながりのある藤門弘さん、長嶺さんと4人でシェーカーの取材に。この時は6×6のカメラで撮影。「食を中心にしたシェーカーのライフスタイルは興味深かった」と若山さん。

『たれの本』（栗原はるみ、文化出版局、1989年）「この時代には珍しかったA5判。徹底した実用書というリクエストからは離れないように作りました」。その後、ソースの本や、おかず、おやつの本も。スタイリストは高橋みどりさん。

自著のデザインの中でも
特に印象的だった本

『母のレシピノートから』（伊藤まさこ、講談社、2006年）「伊藤さんのおいしいストーリーに沿って考えました」と若山さん。

若山さんデザインで
初スタイリングを

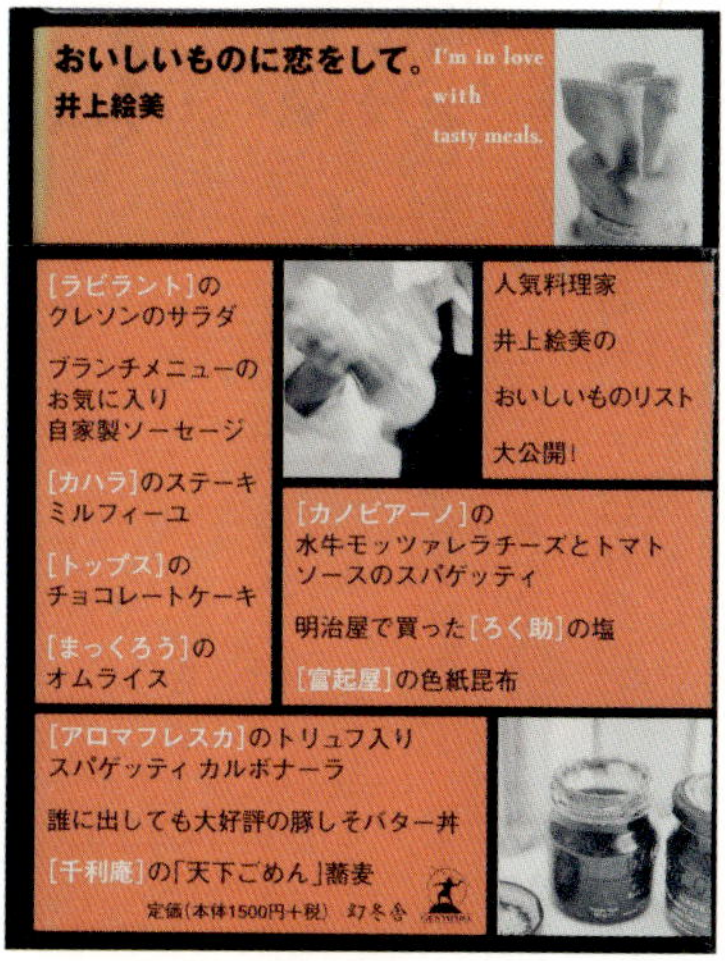

『おいしいものに恋をして』（井上絵美、幻冬舎、2001年）撮影後、どんな仕上がりになるのかわくわくした思い出深い本。

『勝手におやつ』（レスパース編、文化出版局、1989年）「朝のおやつ」「ふとらないおやつ」など、テーマに合わせてスタイリングも変えたとか。

○スタイリングの方向性

伊藤　そうですね。この前、料理家の渡辺有子さんの『春夏秋冬、ストウブの料理』のスタイリングを担当しました。どんな方向性にしようかなと考えて、最終的に渡辺さんの器を主にコーディネートを考えました。足りない分はうちのものを持っていって……。
　撮影当日に渡辺さんの食器棚を覗《のぞ》かせてもらったり、私が用意した器を見たりして、コミュニケーションをとりながらコーディネートを決めていきました。それがすごく楽しかったし、出来上がった本を見ると渡辺さんの日常に近づいた感じがして、やった！　と思いました。

若山　そうですか。いいなと思うのは、何をやりたいか見える本ですね。伝えたいことがどこをとっても気持ちよく伝わってくる。

　バランスがいいかどうかも大事です。

　本作りは一人の力じゃ無理で、著者の力と周りの人の力を合わせるのが楽しいですね。十五年ほど前に『有元家のおせち25品』（メディアファクトリー）のデザインを担当しました。「おせちには和食の基本がつまっている」をテーマに皆で話し合って、前半は鍋のままのおせちの写真とエッセイを、後半にレシピが登場するこだわりの一冊ができたんです。数年経《た》って有元さんから「お料理が進化してもっと上手に作れるようになったから本を出し直したい」というお話をいただいて……。

伊藤　そんなことがあるんですか。面白い。

若山　全員同じスタッフで再始動。新しい形を模索しましたが、一冊目がよくできてるから、よくできてるところはそのまま踏襲して、反省部分だけ直そうと。現場では料理や盛りつけの進化と同じように、スタッフもそれぞれに進化してプロっぽい動きをする。気持ちがよい仕事でした（『有元家のおせち作り』として刊行）。

伊藤　皆が進化してるって実感できるのはいいですね。相乗効果もあるのかも。

若山　八〇年代初めのモヤモヤの答えのひとつに「十年経っても古くならない本を目指そう」というのがありました。そうして八〇年代後半から作ってきた本は、すでに三十年になります。今になっても面白がってくれる人たちがいると思うとうれしいですね。

伊藤　前を走ってくださる人生の先輩がたくさんいるのはとてもうれしいこと。私も慣れないで、面白がって受け容《い》れて新しいことにどんどん挑戦していきたいなと思います。

3 × 長野陽一さん

ながの・よういち
写真家。福岡県出身。一九九八年、沖縄・奄美諸島に住む十代のポートレート写真「シマノホホエミ」を発表。著書に『シマノホホエミ』『長野陽一の美味しいポートレイト』など。

長野　過日は写真展（「大根は4センチくらいの厚さの輪切にし、」二〇一四年）に来てくださってありがとうございます。

伊藤　面白かったです。写真集『長野陽一の美味しいポートレイト』も出されたんですよね。

長野　もともとは少し前に「コマーシャル・フォト」の別冊「料理写真大全」の編集長から、僕が「クウネル」で撮ってきた料理の写真をまとめて掲載させてくださいというお話をいただいたんです。料理写真って通常、レシピや作った人のストーリーが添えてあるじゃないですか。料理の写真は言葉とともに成立するものだとそれまで思っていたけれど、出来上がったページには様々な料理写真が並び、ビジュアルだけでも面白く新鮮だった。

それで「クウネル」や他の編集部、取材でお世話になった方々にご協力いただき、料理写真の個展と書籍化もやってみたんです。

伊藤　見せていただいた時、すごくおいしそうとか、匂いが立ってくる感じがありました。写真展の会場で長野さんに「どういう気持ちで料理の写真を撮ってるの？」と聞いたら、とても印象的な答えを返してくれたんですよ。覚えてますか。

長野　なんだろう。料理写真といってもいろいろありますよね。料理を作ってる人の手や風景まで写し込んでるもの、作り途中のもの、台所や道具。僕がやってきた作品とわかるようにしたくて、自分がポートレートと感じる写真にこだわって集めたのですが、そんなことをまさこさんに説明した覚えがあります。

伊藤　そうそう。ポートレート……。なるほどなぁと思いました。

ところで、最初に雑誌に載った料理写真はどちらなんですか？

長野　奄美大島の黒糖かりんとうです。漫画家のしまおまほさんが祖母を訪ねるという「クウネル」の撮影でした。旅の途中で偶然店を見つけて食べたらおいしかった。田原製菓さんというのですが、その後自分の結婚式の引き出物にもしたんですよ。

伊藤　ちょうど「クウネル」が創刊したばかりの頃ですね。

長野　「クウネル」は料理雑誌ではなくて人やその暮らしのストーリーを紹介する雑誌だ

から、料理写真のあり方も他の雑誌と違いました。だから料理写真家ではなく、他ジャンルのカメラマンが撮った。それまでの料理写真はおいしそうに見えるようセッティングし作り込む撮影が一般的でした。

伊藤　「クウネル」の料理の写真は「あるがまま」という感じですよね。風景がそのまま見えて、匂いや温度が伝わってくる。スタイリストの入る余地はなくて（笑）、そこが逆にいいなと思いました。

作った人が使っているお皿がそのまま使われているし、料理と器とテーブルと、すべてが馴染《なじ》んでいる。雑誌だときれいにととのえてしまう傾向があって、私だったらすっきり見せてしまうかもしれない。

そうした作り込みが一切なくて、そこがいいんですよね。

長野　作り込んで生まれる強さもあるし、目の前のものをそのまま伝える強さもありますね。僕が撮る料理の写真って、ライティングもほとんどしません。ストロボを使わず、台所の古い蛍光灯や現場の光だけ。裸電球だったり、東側の窓から差し込む青い光だったり。

伊藤　写真にちらっと入り込んでいる手から、この料理を作ったのは女の人なんだなというのがわかったりもしますよね。

長野　手はいろいろ物語ります。リアルですね。

伊藤　あとおしゃれな鍋があんまり出てこない（笑）。
長野　取っ手が燃えて取れた鍋とか使ってますね。それがいいんでしょうね。

○人を撮る、風景を撮る、料理を撮る

伊藤　長野さんはもともとは島に住む人を撮ってきましたよね。料理写真を撮り始めて変化はありますか。
長野　いつもそのまま向き合うだけです。今回のこの料理写真の件で十一年の間に撮ってきた写真を並べてみたんです。時代による流行の色とかトーンとか、アングルとかが見事になくて、十一年前の写真と昨日撮った写真がほとんど変わらなかった。自分でもそこに驚きました。
伊藤　個展ではその写真をテーマごとに展示していったとうかがいましたが？
長野　鍋の中に料理がある「鍋中写真」とか。沖縄料理のコーナーがあったり、ケンタロウさんのカレーのコーナーがあったり。ジャンルで分けて、共通するのは、すべてがポートレートに見えるもの。
伊藤　だから安定しているのかな。

長野　それしかできないんですよ。

伊藤　でもそうすると料理写真だから何か特別なことがあるということではなくて、人や風景を撮るのと料理を撮るのは、長野さんにとって同じことなんですね。

長野　そうです。あと、例えば「クウネル」だからこうしようとか、媒体に合わせて変えるとかもないです。流行や常識にとらわれずにやってこられたってことだと思います。

○　真似できない絶対的な違い

伊藤　そうそう、ひとつ質問があったんです。カメラって機械じゃないですか。でも、長野さんと同じカメラを買って私が撮っても、絶対こうは撮れないと思うんです。それは何でかなって。あまりに素人《しろうと》の質問？

長野　いえいえ。まず、やろうとしてみることが大事じゃないですか。みんな手前で諦《あきら》めてしまうんですよ。本気でやろうとしたら、ある程度はできると思います。プロのカメラマンと同じ機材で撮れば、その写真の持つテイストは似せられますし。わかりやすくいえば同じスマホのカメラで同じ被写体を似たように撮り合えば、ある程度はできるじゃないですか。ただ、写真を撮ることを突き詰めた結果、最後はどうしても真似できない絶対的な違いに気がつくはずです。それが何なのか。そこが大事だと思うんです。結果的に同じようにできなくても近づけようと試行錯誤した分、そのプロセスでまた別のいい写真になっていたりする。

伊藤　そう考えると、料理も同じですね。同じレシピで同じ材料で作っても、シェフや料理上手な人に作ってもらうと違う。同じ味にはならないですね。

長野　同じにならなくてもそれはそれでいいと思うんです。例えば高山なおみさんのレシピで作っても、高山さんと同じ味にはならないけど、おいしければ満足できますよね。写真を始めた頃、アラーキーが好きで荒木さんみたいな写真を撮りたくて同じペンタックス67というカメラに九十ミリのレンズを付けてポートレートを撮ってました。でも当然荒木さんの写真にはならない。でも同じ機材を使っているから、荒木さんの写真を見ると、どうやって撮っているのかある程度は想像できる。そうやって違いを知り、自分の写真について考えるわけです。もちろん同時に荒木さんのすごさを再認識するわけですが。だから高山さんの料理はできなくても自分の料理ができるようになったら、それでいいのかなと思います。その人なりというのか。

伊藤　その人なり、かぁ。自分のしたいことをしたほうがいいってことですね。デジタルとフィルムのこともお聞きしたかったんです。使用の比率は最近どのくらいなんですか。

長野　去年は半々くらいで、でも最近またフィルムのほうが多くなってきました。自分だけで決められませんが。デジタルのほうが撮り終えて納品するまでの時間が圧倒的に速いので、時代はデジタルです。

伊藤　デジタルがそんなに楽でもフィルムはなくならないんですね。

長野　そうですね。どんどん減ってますが。生産中止になったフィルムや印画紙ってたくさんあります。あと本づくりでは、僕らがプリントを入稿すると、印刷所がスキャンして、分解しデータ化しますが、そのスキャナー自体の開発は現在されてないようです。この先スキャナーがなくなったら、プリントは受け付けてもらえないかもしれません。個人的にはフィルムを使い続けたいけど、いつまで使えるかはわかりませんね。

○フィルムに感じる、手にとりたくなる衝動

長野　確かにデジタルは細かい部分も全部伝わる。

例えばカレーの写真を撮る時、白い米に茶色いカレーがかかってる。具材もいろいろ載ってる。コントラストでいうと、本来カレーに露出を合わせるとご飯の白が飛んでしまう。それをデジタルではカレー、ごはん、タマネギ、ニンジンとそれぞれを適切に調整できる。

でも逆に、空気感というのかな、そこにある感じがデジタルは薄いんです。実在感が薄いというか。自分で撮るとはっきりわかります。フィルムには、思わず手にとりたくなるような衝動感があります。

伊藤　以前は現場でポラロイドで撮って、現像のあがりを、どうなるかなってわくわく待っていたものでしたが、最近はそういうことが、もう、なくなりましたね。あと撮影の時、みんな被写体よりパソコンのモニターを見るじゃないですか。あれがどうにも気持ち悪くて。特に料理だと食べるものだし、なんか変な感じが。

逆に私が現場で好きだなと感じるのが、写真家が仕事の合間に撮る写真です。例えば料理を作り終わった後の鍋の中とか。中身がなくなってへらだけが残っている写真とか。そういうところに瞬間的に目がいく写真家はさすがだなと思います。

長野　一番大事にしているのは、企画立案者である編集者やライターが何を伝えたいのかです。編集者が料理の素材について伝えたければ、素材がよく見えるように視点を置く。伝えたいことを伝えつつ、面白いものを発見できるといいですね。

伊藤　そういうのって、写真家としては「やった」と、うれしいですか。

長野　うれしいですよ。何をどう見せたいかで撮り方はずいぶん変わります。編集者と連携がとれてないと、ページを組んだときにぶれてしまったり。

伊藤　たまに迷っている編集者もいますね。

長野　当然あります。それはそれで面白い。山を一緒に越える冒険感があります。何かで一致すると現場がきゅっと一つにまとまることもある。

準備万全でいい絵コンテがあって、最初に描いた設計図通りに撮れたからといっていいページになるとは限らない。そこが面白いところです。

スタイリングは準備しておいて現場で確認しながら決める感じですか。

伊藤　大まかには決めていきますが、わりとギチギチには考えていかないほうかも。でも事前に料理家さんにどういう思いで作っているのかなど、よくお話を聞きます。なるべくその方を理解したいし、どんな料理を作る人なんだろうと想像力を膨らませるというか。

打ち合わせでは食器棚も見せていただいて、当日はそこから器をお借りしたり。そのほうが馴染むんです。その人の料理に寄り添うというか、私の役割は橋渡し役なのかなと感じています。それこそ、自分の世界を表現するためではないから、その料理が一番いい形で伝わるようにしてますね。

○「ここから見て欲しい」

長野　この間「ほぼ日」の「イセキアヤコさんのブローチのお店」の撮影で一緒にお仕事をしたんですよね。その時、確かにまさこさんのスタイリングに迷いはなかった（笑）。

伊藤　ここから見て欲しいというのがあるからかな。だから、撮る時に手を替え品を替えというふうにはならなくて、「この角度から撮って欲しい」とお願いするようにしています。

長野　ご自分の本の時は、スタイリングのお仕事とは違う？

伊藤　スタイリングの時は、料理家さんの料理をよく見せようと思いますが、自分の本の時はもっと自由ですね。でも、気取らないように気をつけてます。撮影のためにきれいな道具を揃えたりしないし、あるがままを撮ってもらうようにします。うっかり自分をよく見せようと思うあまりに、あまり使ってない道具を出したりとかはしないように。

長野　写真もいくらでもそういうかっこつけができちゃうんですよね。美しい写真ってたくさんあって、単純にかっこいい写真をいいなと思って、かっこよく撮ろうと思ってしまう時がある。例えば大事なところにフォーカスがあって他はふわっとしている写真をやろうとして、ちょっと待てよ、と。それを地でいってればいいけど、自分がやるとなると恥ずかしい。誰々っぽい写真というのかな。そういう時はシャッターを押さない。僕も嘘《うそ》をつきたくない。

伊藤　私がスタイリストになったのは二十年くらい前ですが、当時はテーブルクロスをガムテープで四方八方留めて、しわを絶対に許さなかったんですよ。そんなの気持ち悪いとずっと思ってた。私は家で畳んでおいたテーブルクロスをふわっとかけた時の折りじわもそのまま写っていいって思う。無理矢理作り込むのが嫌なんですよね。あと一人の料理家さんの本なのに、お箸の種類が全部違うとか。そうじゃなきゃいけないみたいなルールのようなもの。

ページを開いた時に、右側が丸いお皿だから左は楕円《だえん》にして変化をつけて、と言われてびっくりしたこともありました。当時、料理家の人と写真家の人が先生と呼び合っているのもヘンだったな（笑）。

リース屋さんを使うのも当たり前だったんです。

でもある時、スタイリストの高橋みどりさんが、自分が使った道具や器を中心にスタイリングされていると聞いて「さすがみどりさん」と思ったんです。自分がいいと思うものを使わないとダメだよなって。

それから自分でいいと思ったものを仕事でも使うようにしたんです。ある時、編集の人が「伊藤さんこんなもの使ってるんだ」と目に留めてくれて、『まいにち　つかう　もの』という本を出すことになりました。

たしか「クウネル」が創刊した頃。あのあたりでいろんなことが少し変わってきたような。

○ 私たちの「ふつう」を表現したい

長野 現場で「早く撮れ」というプレッシャーを感じることがあるんですけど、そういう時、僕は空気を読まないようにしてます。

伊藤 料理はできた瞬間が一番おいしいはずだから、すぐに撮ったほうがいいんじゃないかなぁと思うんですが……。

長野 ところが写真にはいろいろ都合がありまして。食べる場合はそうですけど、湯気が多いと写真が曇ってしまう。湯気がほどよくなった時にシャッターチャンスがある。だからラーメンの麺はちょっとだけ伸びてしまうけど、海苔《のり》は載せないでもらうとか、やっぱりそこには撮るための工夫が必要です。

どうしたらいい写真を撮れるかは自分が一番よくわかるので、周囲に惑わされない。

伊藤 なるほど。少し話がずれてしまうかもしれませんが、スタイリストになった当初、外国の雑誌をよく読んでいたんです。憧れていたし。でも壁とか写り込んでる窓とか空気感とかいろいろなものが違うから、日本で仕事をするなら、外国のものを真似しちゃいけないなって思ったんです。マンションでも日本家屋でも、私たちの「ふつう」を違和感なく表現できないかなと思って。

それ以降、洋書は見なかったし、何も参考にしなかった。写真でもスタイリングでも流行ってありますよね。今のクウネル的な流れから新しいものが生まれてくるかもしれないし。それを取り入れて変われる写真家やスタイリストもいるかもしれない。変われない人ももちろんいるし、私なんかは変われないほうです。でも世の中には両方必要なんだろうなと思います。

長野　僕は、変わることは嫌ではないです。単純に写真の進化を楽しみたいですし、納得しながら変われたらいいですね。

伊藤　仕事をするうえで、自分に正直なことが一番大事。自信満々ではないけど、自分を信じて、やっていきたいですね。

○　客観的な「おいしそう」

長野　最初は『こはるのふく』でご一緒しましたね。

伊藤　あの時、いろいろな人から洋裁の本なのに洋服が見えないじゃないかって言われました。当時、あんな感じの本がなかったんですね。

長野　まさこさんのお子さんの胡春ちゃんが海辺を走っていたり遊んでいたりするような写真が並んでいて。写真集みたいな本なんですよね。でもだからこそ、あの本はいい本になったし、話題にもなりました。あと『軽井沢週末だより』でもいろいろ行きましたね。

伊藤　『軽井沢週末だより』のなかで万平ホテルを紹介しているのですが、「食事のお時間です」とベルを鳴らす人がとてもいい味を出しているから、ぜひ撮って欲しい！　と長野さんにお願いしたんですよね。料理の写真だけより、その方に登場いただいたほうがその場の雰囲気が伝わるかと思って。

長野　僕がよかったのはバーテンダーです。すすっとカクテルを出してくれる。ホテルのことを紹介しようと思うと、通常は洗練されたホテルのイメージを打ち出したいから人間くさい人をなるべく見せないようにするところを、伊藤さんの本では逆を行く。

伊藤　料理家の細川亜衣《ほそかわあい》ちゃんと一緒に畑で野菜を穫《と》って料理を作ってもらったのも楽しかったですね。即興でサラダを作る亜衣ちゃんの手が入ってる写真が印象的です。

長野　この撮影の時も、その場にあるもので、まさこさんがさりげなくスタイリングしてくれる。これを置いたほうがいいとか、器はこっちのほうがいいんじゃない、とか。それって、僕らではできないことなんですよね。
最近出された新刊『おやつのない人生なんて』の写真はまさこさんがiPhoneで撮ったんですよね。どうでしたか。
伊藤　自分で携帯電話で写真を撮って単行本にしたのは初めてです。こうして見返すと、おいしいから撮っちゃおうという気持ちが出ているなと思いますね。
　例えばソフトクリームの写真は、北海道の空があまりにきれいだから、空をバックに撮ったり。その時の自分の気持ちとか旅行の様子が写真に入ってますね。
長野　プロのカメラマンが撮るとこうはならない。
伊藤　でもすいかのグラニテを撮る時はつい仕事目線が入ってしまって、横にすいかを載せました。そのほうが絶対かわいいなって。
長野　まさこさんが見ておいしそうだと思った瞬間ですよね。わりと客観的だと思いました。
伊藤　そうですか。意外！
　おいしいものを食べているとすごく幸せになる。スタイリストってそれを伝える仕事なのかなと思っていて。
　でもそれを伝えるためには自分が食いしん坊で、そもそも食べることに興味がないと伝わらないのかなと思っているんです。

長野　すごくよく食べ物のことを知ってますよね。まさこさんとは家族ぐるみでお付き合いさせていただいているので、僕が普段当たり前に食べるようになったもので、まさこさんから教えてもらったもの、たくさんあります。この間いただいた栗のペーストとか。

伊藤　長野さんの奥様が、私の娘の画《え》の先生。お世話になってます。おやつの本にも登場してもらいましたね。鎌倉駅近くの甘味処にうちの娘と長野さんの奥さん、そして息子さんの四人で集合して。全員が一心不乱に目の前のおやつに向き合って楽しかったなぁ。

長野　僕はおいしいものは人から教えてもらってることが多いな。

伊藤　私もおいしいものを知るきっかけは、人に教えていただくことが多い。自分ではそんなに新しいものにトライしないほう。知らない土地に行くときは、その土地に住む食いしん坊からの情報が頼りです。おやつの本に載ったものも、いただきものがたくさんだったんですよ。ありがたいです。

○　昔の記憶を思い出す味

長野　僕、東京に出てきて二十年くらいなんですけど、たまに九州の実家に帰って母親が作る料理を食べると、濃く感じるんです。でもかつてはおいしいって毎日食べてた。ベースはそこにあるから、食べると昔の記憶を思い出す。濃いけどおいしい。

他人が食べたらおいしいかはわからないですけどね。地元のグルメも同じで、地元のおいしいうどんを四国の人に教えると、こんなやわやわなうどんって文句を言われる。

伊藤　「おいしい」って種類がいっぱいありますね。お母さんに作ってもらった懐かしい味とか、一流のパティシエが作るケーキもおいしいけど、自分で作るさつまいもを潰《つぶ》しただけのおやつもおいしいとか。

長野　よく思うのは二人で喫茶店に入ってコーヒー二つとケーキをひとつ頼む。その時、フォークを二本さりげなくつけてくれる店ってあるじゃないですか。それだけでその店主が好きになる。お店の感じがよかったり、一手間を惜しまないとか。そういうところにもおいしさってあるなと思ってて。

伊藤　ただ味の具合だけじゃなくて。掃除が行き届いているなとか。雰囲気がいいなとか。窓から見る景色がいい、とか。

長野　いい素材を使っていればその分値段は高くなりますが、そういうことだけでおいしさを追求しているんじゃなくて、ふつうのものをまっとうに提供する気持ちもおいしいなと思わせる。

伊藤　そういうことに左右されますね。

長野　だから僕も写真をプリントする時、些細《ささい》な違いにこだわる。やっている時はその違いがはっきりわかってるんですけど、暫《しばら》く経って見ると、あれ？　さっき俺がていねいさを込めてやり直した最後の一枚ってどれだっけとわからなくなることがある（笑）。余談でしたが。写真も手間を惜しまず、まっとうな気持ちでやってます。

○　お出汁が恋しくて恋しくて

伊藤　その気持ちを持ってるかどうかできっと全然違いますよね。雑誌の連載で私が会いたい人に会って、会いたい人に食べて欲しいものを作ったり一緒に食べに行ったりしているんですが、その一回目で歌人の穂村弘さんと初めてお会いしました。家に来ていただいて、私が作ったご飯を一緒に食べて。そうすることによってぐっと距離が近くなりました。一緒に食べるって大事ですね。

長野　それ、すごくよくわかります。僕、撮影の時に礼儀だけは気をつけていて。家にあがるときに機材をいったん置いて靴を揃えて帽子を脱いで名乗る。料理家の長尾智子さんも同じことをおっしゃってました。食事には生理的なことも含まれるから、一緒に食べておいしいと思える相手と仕事をするのが大事だって。
伊藤　よくわかります。
長野　「クウネル」の台所特集の取材でまさこさんの実家でいただいたミートソースのスパゲティおいしかったな。
伊藤　ミートボール・イン・ミートソース。母のはウスターソースとかケチャップとか入ってて、全然本場風じゃないのですが、あれが男心を摑《つか》むみたいですね。缶詰のマッシュルームとか入ってますよ。
　懐かしいというか。そういうのがいいみたい。私もたまにすご〜く食べたくなります。
長野　ザ・ミートソースですよね。あとお肉が好きなご家族なんですよね。
伊藤　肉は多いですね。でも普段食べる仕事が多いので、一日お白湯《さゆ》だけの日もありますよ。取材で一日五食とか食べたあとなど、何も入りません。
　アルザス取材で毎日豚肉とじゃがいもばかり食べたこともありました。すごくおいしいんだけど、自分が日本人だということがよくわかりました。お出汁が恋しくて恋しくて（笑）。
　この間仕事でマカロンを五十個食べ比べたんです。はじめすごくうれしくて、ちっちゃいから楽勝って思ったんですけど、十個目くらいから半分にしてください、となり、だんだん四分の一になって。

はじめから少なくしておけばよかったのに、学習しないんですよね。ついおいしくて、序盤でいっぱい食べてしまって。

長野　僕だったら三つ食べられるかどうかですよ。

伊藤　それを胃袋的に乗り越えるかどうかがプロかどうか、です（笑）。最後までちゃんとやり遂げましたよ。

II 崎陽軒のシウマイ弁当が好き

横浜のソウルフードの秘密に迫るため、いざ現場へ。
参戦するのはオオヤミノルさんと、撮影係の長野陽一さん。
さらに後日、特急踊り子号に乗り込んで……。

横浜工場見学

伊藤　横浜生まれ横浜育ちの私にとって、崎陽軒《きようけん》のシウマイは、冷蔵庫に気がつくと〝いる〟、とても身近な存在です。もはやおいしさの正確なジャッジもできないくらいですが、今回改めてそのおいしさの秘密を探るため、崎陽軒横浜工場にお邪魔しました。この連載の第一回のゲスト、オオヤミノルさんにもお越しいただきました。広報担当の柴田さん、今日はよろしくお願いします。

柴田　よろしくお願いします。工場見学をしつつお話しできたらと思います。

早速ですが、こちらはシウマイ原材料の説明コーナーです。シウマイの原材料は九つ。豚肉、タマネギ、干しホタテ貝柱、グリンピース、砂糖、塩、胡椒、でんぷん、そして皮に使う小麦粉。

伊藤　それだけですか。お酒も入ってない？　貝柱のスープが味を出してるんですね。

柴田　一晩水につけて戻してます。崎陽軒のおいしさの秘密です。殻が入らないように丸くて大きい貝柱を厳選してます。

伊藤　グリンピースは混ぜ込む？
柴田　そうです。上に載ってるかどうか、シウマイファンの間で議論があるようですが、正確に言うと混ぜ込んでるので、二、三個入ってる〝あたり〟もあれば、入ってないのもあります。翡翠《ひすい》色で縁起がよく栄養価も高いので、グリンピースは欠かせません。豚肉は、冷凍は使いません。使う直前に挽《ひ》いて鮮度を保ちます。発売以来、バリエーションは増えても、シウマイの基本レシピは変わってません。
伊藤　崎陽軒といえば創業百年以上、冷めてもおいしいこのシウマイが登場して九十年近く経ちますが、その間、レシピが変わらないとは！
オオヤ　おっ。奥のほうに今、肉の塊が落ちてきた！
柴田　肉とタマネギ、そして先ほどご覧いただいた原材料のすべてが上の階で混ぜられて、こうしてエレベーターでこの階に送られてきます。
伊藤　一日に作られるシウマイの数は？
柴田　約八十万個です。こちらの横浜工場が、弁当に入れる分も含めてすべてのシウマイを作ってます。
伊藤　お弁当は別の工場なんですね。
柴田　そうです。今ちょうどお肉がひっくり返ります。約三五キログラムの具から約二六〇〇粒の一口サイズのシウマイが作られます。化学調味料や保存料を入れてないので、常温だと十七時間しか保《も》ちません。冷蔵庫に入れても翌日いっぱい。急速冷凍して出荷時間に合わせて蒸します。今日は出荷数が少ないみたいです。

伊藤　日によって変わるんですか？

柴田　直営店が天気や行事や、その日の売れ具合を見ながら発注します。繁忙期は盆暮れや正月など帰省時ですね。春や秋は運動会でお弁当がよく出ます。

オオヤ　出店は関東だけですよね。僕は関西の人間なんで、お父さんが東京出張の帰りにお土産《みやげ》で買ってきてくれたシウマイに格別の思いがありました。

柴田　全国に広げないでローカルブランドであり続けるというのは経営理念です。というのも、弊社はお土産としての面も強いので、どこでも買えてしまうと価値が下がってしまう。

オオヤ　どこでもは買えない、という価値。商売をやっている人間からすると勉強になります。

伊藤　確かに私の母は、北海道に住んでる孫にコレ持って行きなさいと、お土産使いをよくしてます。

柴田　あと消費期限が短いので、単純にデリバリーができないという側面もありますね。

伊藤　それにしてもきれいな工場ですよね。ピカピカ。完璧ガードで働いてますね。男女の区別もつかない。

柴田　一番怖いのが衛生面なので、朝四時から夕方四時までの稼働のうち掃除に二時間かけてます。従業員の手の検査も厳しいですよ。

オオヤ　移載ロボットだ！　なんだなんだ？

柴田　トレイに載った状態で蒸し上がったシウマイをアームが掴んで、十五個ずつとか三十個ずつ箱に詰めるロボットです。箱詰めが終わると、手作業でひょうちゃん、からしを入れて、包装・出荷へ。

オオヤ　金色のひょうちゃんないかな？

伊藤　あそこに赤が三つある！　赤率高い。

オオヤ　息子のお弁当に入れるために金色のひょうちゃんを探してるんですよ。この間も六箱シウマイ買ったけど、一個も入ってなくて。

柴田　欲しいと言ってる方のところになかなかいかないんですよね。ひょうちゃんは今年還暦なので、ちゃんちゃんこをイメージした赤ひょうちゃんと、金色のひょうちゃんがいます（注・二〇一五年一月〜八月の期間限定）。

○ひょうたんの「ひょう」で「ひょうちゃん」

伊藤　工場見学を終えて展示室に移動してきました。こちらに並んでるのが……。

柴田　先ほど話に出た「ひょうちゃん」です。もともと無地で真っ白なひょうたん型の醤油入れでしたが、一九五五年に漫画家の横山隆一《よこやまりゅういち》さんが「のっぺらぼうだとかわいそうだから」と、いろは歌にちなんで四十八種類の顔を描いてくださいました。名付け親も横山さん。

伊藤　ひょうたんの「ひょう」で「ひょうちゃん」。

柴田　二代目は原田治《はらだおさむ》さんが弊社創業八十周年に合わせて八十種類描いてくださって。二〇〇三年から横山さんの絵柄が復活してます。

オオヤ　ひょうちゃんはどこで作ってるんですか。

柴田　愛知県の瀬戸です。

オオヤ　父親が出張帰りにぶら下げてきたシウマイについてたのは、ふたがコルクやったな。

柴田　ひょうちゃんには顔があるから捨てにくいという声もあります。

伊藤　そうそう、実家の台所にもいっぱいいますよ。
オオヤ　注入してるところ見てみたいなぁ。家でこれに醤油を入れるのは結構大変なんですよ。
伊藤　そろそろ長野さん（撮影中）も参戦してくださいよ。シウマイ弁当大好きなんですよね。
長野　僕はシウマイ弁当を愛してます。
伊藤　男性のほうが熱量が高い。
柴田　ガッツリですからね。
伊藤　え？　ガッツリですか？
柴田　意外とガッツリです。ご飯は二五〇グラム入ってます。お茶碗二膳分くらいです。
伊藤　知らなかった……。食べちゃいますね。長野さんはなんで好きなの？
長野　みんな好きですよ。企画もよく出すんです。移動中の新幹線でシウマイ弁当食べながら、崎陽軒特集やろうって。食べ終わると満足してしまうので、結局企画は実現したことないけど、盛り上がる。
伊藤　私もこの間羽田空港で買って、朝ご飯として一人でムシャムシャ食べました。よく、シウマイ弁当好きの人には食べ方の〝お作法〟がそれぞれあると聞きますが、長野さんにもありますか？
長野　ありますよ。まずご飯が八個あるじゃないですか。この八個をどう食べるか。あと縦に置くか、横に置くか。
伊藤　私は縦。レイアウト的にも縦ですよね。
長野　僕も縦です。
柴田　その通りです。ご飯が下側にきます。
伊藤　それでご飯八個の食べ方は？
長野　まずシウマイ五個はご飯八個に対して絶対的に足りないじゃないですか。だから唐揚げをはさみ、お魚をはさみということをやるわけです。そうすると今度はおかずを多く感じ、そこで玉子をはさむ、と。
伊藤　杏《あんず》は？
長野　杏は最後です。絶対に最後です。最後に完結させてくれるじゃないですか。
伊藤　この杏が特徴のひとつですよね。でもチェリーに替わった時期があるともお聞きしました。
柴田　よくご存じですね。そうなんです。仕入れ状況などの事情でごく短期間ですが、チェリーでした。

オオヤ　杏はデザートという位置づけなんですか。

柴田　または箸休めですね。最後に食べる方が多いとは思いますが、最初に食べる方もいらっしゃって。酸味があるので、食べると食欲が湧《わ》くと。

伊藤　私は最初に蓋を開けた時に杏を安全な場所に置くんですけど、長野さんは？

長野　僕はここです。

伊藤　え、蓋じゃなくて？

長野　唐揚げの上です。

伊藤　ええ！　面白い。シウマイにお醬油はかけますか？

長野　かけますね。

オオヤ　すべてに？

長野　シウマイすべてにです。

オオヤ　僕は醬油とからしはシウマイの一個飛ばしにつけるんです。からしなしもわりとうまい。あとまぐろにからしをつけると味がぐんと伸びる。

伊藤　私はシウマイにだけ、醬油とからしを均等につけます。

柴田　醬油がたれるのが嫌だからと、ぶすっとシウマイに穴を開けて醬油を注入する人もいれば、かまぼこにも最後ちょっとつける人もいます。

伊藤　お弁当の中身が今のバランスになるには試行錯誤があったんですか。
柴田　発売当初からレイアウトはそう大きく変わってません。ただ、最初はシウマイの数が今より一個少ない四個で、海老フライが入ってたことも。魚もまぐろではなくぶり。そして杏の代わりにセロリ。
伊藤　セロリ！
オオヤ　内容の変更は会議で決めるんですか。
柴田　会議もあります。新製品が出る際は、新製品開発部隊がああでもないこうでもないとやって、最後は経営陣の判断です。シウマイ弁当には今やおかず一つ一つにファンがついているので、そう簡単には替えられないんです。
オオヤ　僕はずっとこれがまぐろと思ってなかった。
長野　まぐろだったのか。僕もいつも何の魚だろう？　と思いながら食べてました。

○　ご飯のおいしさの秘密

伊藤　長野さんは何から食べ始めますか？
長野　シウマイですね。それは絶対。シウマイ、ご飯、シウマイ、ご飯。それでやっと心が落ち着いて、他が見えてくる。そうそうこれも食べようと。

柴田　うちの社長はご飯から始めます。

伊藤　ベースを作る感じですかね。

柴田　弁当はご飯がおいしくないとダメだと考えてて、駅弁屋としてご飯の出来が気になるようです。

伊藤　ご飯おいしいですものね。最初もち米が入っているのかと思いました。

柴田　そういう声をよくいただきます。おこわのように蒸気で蒸し上げるので、もち米を使ってないのにもちもちです。経木《きょうぎ》の折にもこだわってます。

伊藤　水分をうまく吸収してくれて。

柴田　おっしゃる通りで。経木がおひつの役割をして、熱々のご飯がゆっくり冷めておいしくなる。

伊藤　ほのかに経木の香りもしますもんね。

柴田　最近は経木も入手が難しくなって、シウマイ弁当以外は、ご飯の下にだけ敷いたりしています。

伊藤　社長さんはご飯の次は何を召し上がる?

柴田　シウマイです。最初は何もつけずに。

オオヤ　社長が気になるなぁ。怖い人なんですか？

柴田　きさくです。月に一回は一般社員と会議をやったり。社員食堂でもふつうに食べてます。

オオヤ　社食でシウマイは出る？

柴田　出ないですね。社食は定食とかです。

オオヤ　社員の方もシウマイ弁当食べるんですか？　どういう時？

伊藤　もういっぱい食べて要らないってならないですか？

柴田　そんなことなく、結構食べます。もちろん仕事絡みが多いですが、電車に乗った時とか。

オオヤ　どこで食べるかって大事なんだよな。

長野　僕は圧倒的に新幹線です。あとたまに飛行機。飛行機の中では満席だとちょっと躊《ちゅう》躇《ちょ》するけど、新幹線では躊躇しません。堂々と食べます。

オオヤ　僕らだとちょっと飲みに行っても帰りのシウマイのためにお腹に余裕を残しておこうと思いますもん。あと新横浜駅の売店が閉まる時間が気になるし。

伊藤　駅で売ってる六個入りの「ポケットシウマイ」、知りませんでした。気がきいてますね。

柴田　シウマイ弁当だけだと物足りないという方や、十五個だと多いという方が買ってくださいます。

オオヤ　よくサラリーマンが売店で「ポケット終わっちゃったの？」ってぼやいてたりね。

伊藤　この間、飛行機に乗る娘にお弁当を買おうとしたら、「十五個入りのシウマイがいい」って。シウマイだけムシャムシャ食べてました。

オオヤ　長野さんは最後にシウマイ残します？

長野　どう終わらせるか、ですよね。唐揚げも一口で食べないし。半分残しながら食べるんです。

伊藤　うそー。私は一口でいく。

オオヤ　僕も半分にして、一方にからしをつけて。あと筍《たけのこ》が思いのほか終わらない。

伊藤　そうそう。あら、まだここにかくれていたんだって感じですよね。魚食べてたら陰からまた出てきた！

長野　筍はうまく使うと贅沢《ぜいたく》した気持ちにもなれますね。長く食べられるというか。あーもう終わっちゃったという、お弁当にありがちの意外と足りなかった感が筍で緩和される。

オオヤ　よく噛むからな。満腹になる。ビールがある時はビールと一緒に。

長野　確かにビールがあると、ご飯どうするかってなりますね。

伊藤　そんなこと考えたこともなかった。
長野　僕はいつも、どの順番で食べるか考えながら食べます。何も考えないでシウマイ二個連続で食べてしまったなんてこと、ない。どんなに朝早くても。絶対ない。
オオヤ　それって、ある程度高級なものを食べる時に大事にする感覚ですよね。そういう食べ物って最近あまりないけど。最後のご飯は何と？
長野　ペース配分で味わいが変わるので、いかにフィニッシュを迎えるか、ですよね。
オオヤ　メインイベンターは何かって話か。
伊藤　それはやっぱりシウマイ？
オオヤ　それはそうですけど、最後に唐揚げを残すってこともありえるわけですよ。
長野　豪華キャストですからね。
伊藤　そうした兼ね合いが最後にぴったりいって、よしっと思いながら満を持して杏を食べると。
長野　そうそう。紅ショウガと昆布をどう食べるのかという問題もあるな。無意識には食べられない。
伊藤　私は無意識。最初にシウマイ食べちゃうから、あとからご飯三個に対して筍五個とか。

オオヤ　僕はご飯の数を意識しない。合わせていくと気が遠くなる。だからできればご飯を割らないでほしいなとか思うんですよね。

伊藤　食べ方に性格が出ますね。私はご飯三個に対して筍五個をやりくりする性格。でもご飯に胡麻《ごま》が載ってるからご飯だけでもいけます。

オオヤ　やろうと思えば、ご飯一個に対して筍一個でも、僕も、いける。

長野　シウマイ弁当は食べ終わった時、もう少し食べたかったという足りない感じがない。優しいんです。いろいろなところが優しい。

オオヤ　そうそう。湿ってますしね。そこからして。

伊藤　あれを持った時に、崎陽軒のお弁当を食べてるなって思いますね。

○　揺れる車内で食べやすいよう

柴田　そろそろ試食の準備できました。これが工場見学で出している試食です。

伊藤　すべてがかわいい。あったかい。タマネギの香りがして。

長野　できたてなんて初めて食べました。

柴田　ふつうのシウマイは揺れる電車で食べやすいようにと、あえて一口サイズなんです

シウマイ５個、筍煮、鶏唐揚げ、まぐろの照り焼き、かまぼこ、玉子焼き、切り昆布、千切りショウガ、杏が入る。

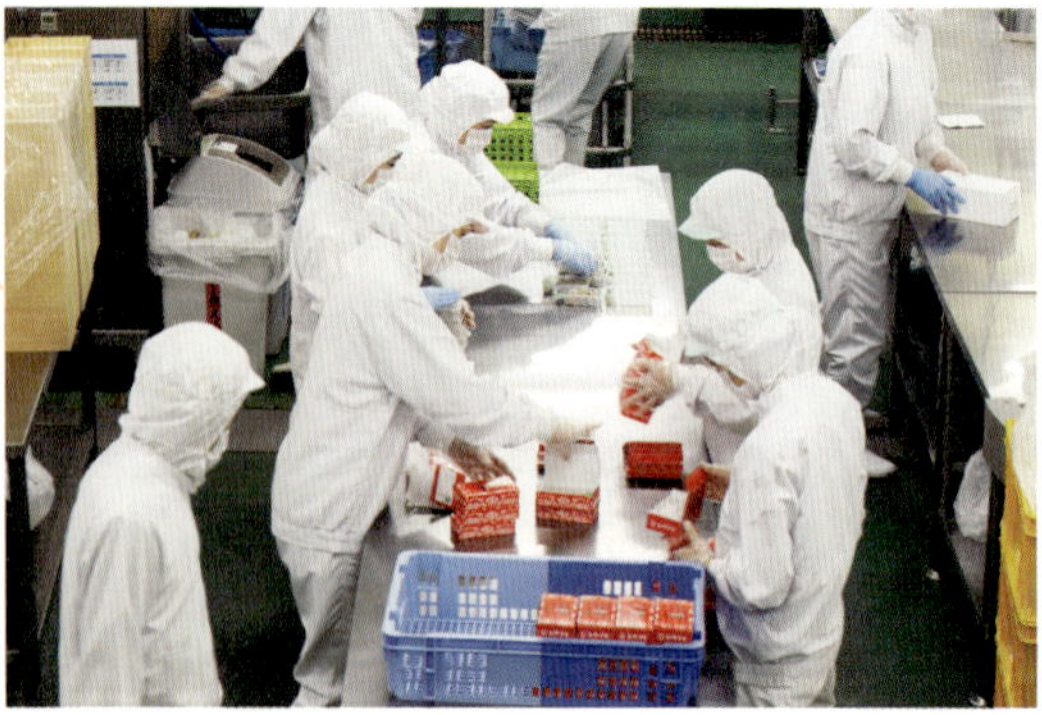

上・工場見学は原材料の説明コーナーから始まる。冷めてもおいしい味の秘密は、原材料にもかくされているよう。　左・機械でスピーディーに作業が進むが、からしなどは手作業で詰める。約250人が交代制で朝４時から働く。

左・横浜工場には、こんな電車型の撮影スペースも。揺れる車内でも食べやすいようにシウマイは一口サイズ。
右・私の隣が初代シウマイ娘の制服。白地にピンクの花があしらわれている。赤いチャイナ服になってから定番化し現在 17代目。

48種の顔は転写なので、同じ表情でも違って見えることも。皆さんの台所にもひとつかふたつあるのでは？

誕生から 60年。"還暦" を記念した金色のひょうちゃんと赤ひょうちゃん。赤ひょうちゃんの出没率は高そう。
（2015年 1月～ 8月期間限定登場）

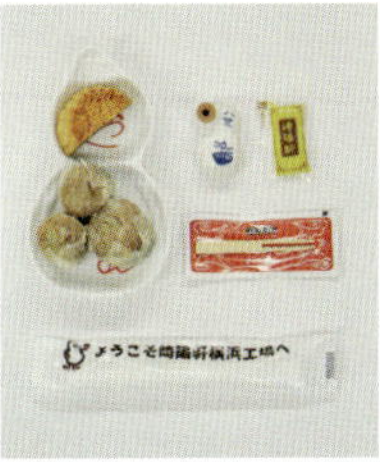

工場見学の最後にはこちらの昔ながらのシウマイ、特製シウマイ、月餅をいただく。シウマイはできたてで温かい。
※内容変更予定あり

が、特製シウマイはサイズも大きく、貝柱もたくさん入ってます。ご贈答用に生まれました。

伊藤　急に長野さんの口数が減ったよ！

長野　味わってるんです。真剣なんですよ。

工場見学は申込めば誰でもできるんですよね？

柴田　予約が必要ですが、どなたでも参加いただけます。

長野　家族でまた来たいな。

柴田　現状三カ月先まで予約いっぱいです。

伊藤　大人気だ。

口のなかがシウマイでいっぱいです。ご馳走様《ちそうさま》でした。ありがとうございました。

電車に揺られながら

●後日　東京発特急踊り子号車内

せっかくなので、シウマイ弁当を買って特急に乗り込むことに。

参加者（全員、膝の上にシウマイ弁当）
伊藤まさこ
オオヤミノル（コーヒー焙煎家）
なかむらるみ（イラストレーター）
長野陽一（写真家）

伊藤　そうそう、経木のこのしっとり感。これだけで楽しい！
なかむら　楽しいですね。

東京駅発の踊り子号に乗り込む。経木の折のしっとり感を楽しみながら早速ごはんをひとくちぱくり。オオヤさんは膝の上にギンガムチェックのハンカチを敷く。

2A 2B

オオヤ　どれどれ。

伊藤　オオヤさん早速いきましたね。今、何を？

オオヤ　はみ出した紅ショウガです。

伊藤　そこすごく重要！

なかむら　好きです。この間そっくりのお弁当を作りました。

なかむらさんもシウマイ弁当がお好きと聞いて、今日はお誘いしました。

伊藤　ちょ、ちょっと……嘘でしょう。

オオヤ　杏はどうしたの。

なかむら　マンゴーで。

伊藤　作っちゃだめだよ（笑）。

オオヤ　そっくりって、箱とかも？

なかむら　箱は間に合わなかったです。お花見の時、お弁当で対決しようって友達に言われて作ってみたんです。お魚と紅ショウガは間に合わなくて。でも筍とか唐揚げとかはちゃんと作りました。もちろんシウマイも。

伊藤　すごいなぁ。広報の人に聞いたんだけど、全部のおかずにファンがいるから、メニューは替えられないそうですよ。

オオヤ　かまぼこにもファンがいるのかな。ふつうのかまぼこだけど。

伊藤　彩りですかね。梅干しはずっと青梅だそうです。赤い梅干しだとかまぼこと色が被《かぶ》るからかな。

オオヤ　シウマイも自分で作ったの？

なかむら　作りました。

オオヤ　案外調味料が入ってないシンプルな味つけなんですよね。

伊藤　干し貝柱とその戻し汁。

なかむら　そうなんですか。オイスターソースとかも入ってないんですか？

オオヤ　おっいい線いってるね。でも入ってない。

伊藤　ではそろそろ食べ始めましょう。まず食べる順番、なかむらさんは何からいきます？

なかむら　私はご飯からです。

伊藤　崎陽軒の社長と一緒だ。

なかむら　ご飯おいしいですよね。

オオヤ　おっと。伊藤さんがご飯を一口でいった。なかなかの無頼派。

伊藤　ご飯一個を一口で食べるのが好きなんです。杏はここに避難させて。真似してもい

右・ご飯、シウマイ、ご飯、シウマイ、時々、唐揚げで着々と食べ進める。互いに食べる順番を確認し合いながら。食べ方には性格が表れる!? 右下・弁当だけではもの足りない人が好むのは6個入り「ポケットシウマイ」。 上・東京から小田原までの約1時間、シウマイ弁当の話が途切れることはありませんでした。

いですよ（笑）。醬油とからしを全部につけて儀式終了。さて、何をいこう。

オオヤ　こっちには唐揚げがあるぞっていう余裕がまだありますね。

なかむら　お花見の時に一緒だったエラいおじさんはお魚が一番好きで、シウマイなんて要らないって言ってました。

オオヤ　え、ちょっと待って。それでよくエラくなったね。シウマイ要らないってことはないな。

伊藤　あ。あっという間にシウマイ残り三つです。

この筍の甘さとショウガのバランスいいな。

なかむら　筍が入ると、急に崎陽軒のシウマイ弁当を食べているなって気持ちになりますね。

オオヤ　一人で食べる時と、女性がいる時とで食べ方が変わるんですよ。カッコつけてしまう。シウマイ全部食べてしまおうとか、シウマイだけ残そうとか。普段しないことをやりそうになったり。

伊藤　それはちょっとびっくりするかも。あーおいしい。

オオヤ　ここにある仕切りがいつからゴミとして認識されるか。今はしっかり仕切りとしての役割を果たしてますが、ある瞬間からゴミ化するんですよね。僕はまだ唐揚げを無傷で残している、いやしいなぁ。
伊藤　唐揚げ、私はさっき一口でいった。
オオヤ　本当に感覚だけでいってますね。僕らは計算しますから。子どもの頃なんかも、弁当は隠しながら食べてましたし。
伊藤　そうなの⁇　私もりもり食べてた。
オオヤ　長野さんには唐揚げに醤油をかけたい欲あります？
長野　醤油はシウマイだけですね。
伊藤　私も。
長野　僕はこうしてご飯を集め直して、再び塊を作ってちょっと得した気分になるんですよ。
伊藤　え！　嘘でしょう⁇　今衝撃すぎて食べられない。まさかのご飯の再生？　消しゴムのカスで作る消しゴムみたいな。
なかむら　あれで消しても全然消えないですよ。
伊藤　長野さんは右側を残すタイプだ。
オオヤ　筍をさっきからずっと食べてるけど終わらない。しまいには筍を終わらせるために食べているような。

伊藤　今日は普段より時間かけているからお腹がいっぱいになりますね。
オオヤ　わかった！　伊藤さんはなかなかの美人ですが、食べ方に色気がない。
伊藤　え。なになに？
なかむら　きれいな食べ方なんじゃないですか？
伊藤　性格が出るのかな。
なかむら　お弁当占いできますね。
伊藤　長野さんは、シウマイを最後に残してる。
長野　そうですね。未練がましいのでしょうか（笑）。
オオヤ　僕は最後にご飯をもう一個食べたくなるんですよ。米が。米がうまいんですよ。
伊藤　蒸してるからね。
なかむら　それでおいしいのか。
オオヤ　飯にひっぱられている気がしますね。
伊藤　社長は正しいんだ。まずお米から食べる。
オオヤ　店で買ったものが湿ってていいと思うことはふつうないけど、この経木の湿っけ、そして米がいい。あーおいしかった。
伊藤　おいしかったー。終わっちゃいました。色気がない食べ方だと言われたことにひっかかっているけど、でもおいしかった。

オオヤ　やっぱり飯がすべてをひっぱっているな。

伊藤　私にとっては崎陽軒のシウマイはあまりに生活にとけこみすぎて家族みたいなもんなんです。今日はその家族みたいなシウマイをみんなで楽しめてよかったです。ありがとうございました。

鶏一羽まるごと

オオヤさんから京都の美山《みやま》ですくすく育った鶏《とり》が一羽届いた。まるごと鍋に入れて茹《ゆ》で鶏にしようか。それともお腹にきのこを詰めてローストにしようか。

あれこれ悩んだのち、ダンダンッと食べやすい大きさに切って唐揚げにすることにした。ちょうどその少し前、京都の中華料理屋で鶏の唐揚げを食べたばかりだったのだ。

祇園のほど近くのその店で私は、お昼の定食を頼んだ。メインは炒めもの。それにごはんと中華風の漬物、スープ、それから小皿にちょこんちょこんと載った唐揚げがふたつ。味つけは塩と山椒だけだったのではないかと記憶している。

そのシンプルな味つけもさることながら、はっとしたのは、鶏肉の部位がもも肉とむね肉の二種類だったというところだ。一緒にいた友人はどうやらそのことに気づいていないようだったので、声高に言うのもなんとなく気が引けて黙っていたけれど、部位の違いでこんなに味わいが違うものかとひとり密かに感動したのだった。

鶏は、もも、むね、ささみ……と部位ごとに切り分ける。醬油と酒、しょうがの絞り汁で下味をつけたものと、醬油、紹興酒、五香粉のもの、いつも両方作り、部位ごとの味、それからちょっとした味つけの違いを楽しむ。

肉を取り除いた後の骨や部位は、たっぷりの水と香味野菜でコトコト煮てスープをとる。塩と酒で味をつけをし煮麺《にゅうめん》に、すりおろした蓮根をくわえてすり流しにと、いろいろな料理に使えていい。余ったら保存容器に入れて冷凍する。

一羽さばくといいところは、鶏をまるごと味わいつくせるというところもあるのだけれど、ふだん何気なく買っている切り分けられたパック入りの鶏肉が、じつはどういう成り立ちをしているのかがわかるところではないかと思う。そうかそうなのだ、とこの作業をすると腑に落ちることが多くある。

食べる速度

料理はできたてが一番おいしい。

だからテーブルに運ばれてきたら、すみやかに食べる。その間、あまりおしゃべりはしない。なぜならしゃべっている間にも、味がどんどん変化していってしまうから。温かいものは温かいうちに、冷たいものは冷たいうちに胃に収める。これが料理人に対する私の誠意。店で食事をする時のエチケット。「料理を食べる」ということは、料理人の心意気も一緒に味わうということなのだと思っている。

お鮨を食べる場合は、ことさらそのスピードが早くなる。それはもちろん、握りたてが一番おいしいからである。時々、カウンターで一時停止するのさえもどかしく思うことがある。できたら手渡しで、いやもっと言えば、親鳥からエサをもらう雛鳥のように口を開けて待っていたい。

ついこの前、鮨屋に行った時のことだ。カウンターでとなりに居合わせた人が、おしゃべりに夢中で、できた鮨に一向に手を出さない。ああ、お願いだから早く食べて欲しいと、その鮨の行く末が気が気でなかった。連れの人に促され、やっと口に入れたのを見届けてこちらもほっと一息。まったくもって余計なお世話ですけれどね。

考えてみると、友人知人は皆、食べる速度が速い。料理の仕事に携わる人が多いということもあるけれど、やはり根が食いしん坊だからではないか。早く、速く。おいしい一時を逃してなるものか。そういう意気込みが感じられて頼もしい。

はたして、そんな前のめりなお客さんはどうなのか。色気が足りないんじゃないかと少し不安に思って料理人の友人に尋ねてみたところ「そりゃ、うれしいですよ。皿の上にいつまでも料理が残っているとハラハラします」

すっかりきれいな皿を前に、満足そうにしているお客様の顔を見るのは何よりうれしいことなのだと聞いて一安心。「でもさすがに雛鳥はいきすぎですね」と注意をされた。

定食屋

新橋に好きな店がある。昼は定食屋、夕方からは飲み屋になるそこは、さすがおじさんの聖地、昼も夜もネクタイをしめたサラリーマンで大賑わい。値段は良心的で、唐揚げも煮魚もポテトサラダもアジフライも、どれもこれも気取りなく、ほっとする味。なるほど、これならお客さんも集まるよなあ、と訪れるたび納得する。

ふた月に一度ほど、新橋を訪れる。

お昼前にそそくさと用事を済ませ、ひとり向かう先はこの定食屋である。

開店は十一時三十分。十二時過ぎると混んでしまうから、必ずこの時間に合わせて入店することにしている。ガラリと引き戸を開けると「いらっしゃいっ」いつものおばさんの顔。

気取りなくほっとするのは味だけにあらず。店で働くおばさんたちの存在もまたいい。

まずは瓶ビール。それから今日はアジフライ定食にしようかな。

ふとまわりを見渡すと、昼酒を楽しみにやってきたおじさんが、向かいの席にひとり、テーブル一つ隔てた厨房近くの席ににもうひとり。「この時間のビールは最高ですよね」会話をするわけではないけれど、どことなく湧き起こる連帯感。おばさんは、私たちが気分よく飲んでいる間もちゃきちゃきと立ち働いている。

ひとり、お腹が空いた時に入る店はたいていこんな定食屋だ。あの街この街に、好きな店がある。どの店にも、たいてい働きもののおばさんがいる。味はいつ行っても安定していて、店は古いけれど小ぎれい。そしてごはんはどの店も気前よく大盛りだ。

知らない街を訪れるとまずはぶらぶらと歩きながら、いい店ないかなと小道を覗く。店先から漂う空気がよければ、たいていは失敗がない。失敗しても、それはそれでいい思い出。さあまた次を開拓しようという気分になる。

あの角を曲がれば、あの店がある。

定食屋はいつでも街の景色と一緒にある。

カウンターは舞台

携帯電話で写真を撮ることが、まさかこんなにふつうになるとは思っていなかった。今や、あっちでもぱしゃり、こっちでもぱしゃりは当たり前。自撮り棒を使って撮る風景を見ても驚かなくなった。

もちろん私も写真を撮る。どういう時に撮るのかというとそれはやはり、おいしそうなものを目の前にした時である。

ケーキの箱を開けた瞬間。煮込み料理の鍋の中。青空の下のソフトクリーム。市場の野菜。焼きたてのクロワッサン。庭で摘んだミント。友人から届いたクッキーの詰め合わせ。こんなにも自分の身の回りにわくわくした「おいしい」があるなんて。

人を撮ることもあるの？　そう聞かれたので、どれどれとカメラロールを2年くらい前まで遡って見てみたら、そのほとんどがカウンター越しの鮨職人や料理人、もしくはバーテンダーだったのには驚いた。

写真を撮る時はそれなりに節度が必要だし、まわりの雰囲気もあるから遠慮する時のほうが多い……にもかかわらず、この量とは。

カウンターに座ると、口数がいつもより減る。料理人の無駄のない動きや、包丁さばき、火の扱い、盛りつける時の真剣なまなざしに目が釘付けになるからだ。料理に向かう姿は無条件にかっこいい。

つねづね、カウンターは舞台で料理人は役者のようだなと感じる。料理人がかっこいいのは、観客である我々に常に観られているからではないだろうか。取材などでカメラを向けても、ひるまずまっすぐこちらを見ることができるのは、きっとそのせいだ。

浅草の洋食屋、銀座のバー、金沢の鮨屋、京都の喫茶店……思えば、日本の各地に、いい顔をした料理人がいる。この人がいるからこその味。顔を思い出せば、同時に味も口の中によみがえってくる。

そしていつも変わらず同じ場所で待っていてくれることがとてもうれしい。

つぐタイミング

　お酒をつぐタイミングというのは難しいものだなとつくづく思う。つがれることが好きな人とそうでない人がいるからなかなかややこしく、初めて飲む相手の場合、この人はどっちなのだろうとひとりぎくしゃくする。

　私はどうかというと断然、手酌派である。自分のペースでのんびりいきたい。くいっと最後の一滴を飲み干した後、相手がとっくりを握って待ちかまえていると緊張する。すまない気分になって、ついつい飲みすぎ悪酔いをしてしまう。

　ごくたまに、さりげなくついでくれる人がいる。気づくとぐいのみが満たされていて、ああこんな感じはいいなぁとうれしくなる。

　いつだったか、旅先で入った鮨屋のカウンターで隣り合わせた人が、ひとり手酌しながら鮨を頬張る私を不憫に思ったらしい、親切にお酌をしてくれた。

飲み干すと構えている。構えられると緊張する。緊張すると悪酔いする。とうとう耐えきれなくなって、丁寧にお断りし手酌に戻った。せっかくの一人旅、自分のペースでのんびりいきたい。

お酒は手酌派だけれど、ワインとなると話は違う。せっかくだもの、フランス式に男性についでもらいたいと私は思う。

実家では、ワインの瓶は父の横が定位置だった。グラスの中がそろそろなくなってきたなぁと思っていると頃合いよくついでくれる。

お酒は女の人がつぐもんじゃない、と言ったかどうかは覚えていないけれど、どことなく「そういうものだ」という空気が家の中に流れていた。

うれしいことに日本でもフランス式を実践している人はまわりにたくさんいる。皆、さりげなさが身についていて、すてきだなあ、そう思う。

タイミングよく、スマートに。お酒のつぎ方にもセンスは必要なのだ。

豆腐がないと

買い物に行くと何はなくとも豆腐だけは、かごに入れる。これはもう癖のようなもので、冷蔵庫にないとなんとなく落ち着かない。好物ということもあるけれど、他の素材との相性がいいから、というのも欠かさない理由のひとつではないかと思う。

ごま油をまわしかけ、塩をふるのが一番好きな食べ方。オリーブオイルと塩、わさびも相性がいい。ネギやしょうがをきざみ、醬油とごま油、酢、豆板醬を合わせてソースにする。これを豆腐にかけると気の利いたおかずになる。ピータンと香菜を添えたら、ちょっとしたごちそうだ。

冷たいままもいいけれど温かいのもまたいい。蒸籠《せいろ》で蒸したものをそのままテーブルに運び、取り分けたら塩だけで味わう。湯気に包まれた大豆のにおいをかぐとなんとも幸せな気持ちになる。

豆腐のスープ煮、白和え、がんもどき、麻婆豆腐、揚げ出し豆腐。豆腐料理を考えるだけでお腹が空いてくる。

豆腐は木綿派と絹ごし派に分かれるけれど、私は両方好きである。ともに代わりのきかない舌触りや味わいがある。料理によって木綿か絹ごしを使い分けるけれど、シンプルに味わう場合は、どちらもあると口の中がたのしい。

朝食によく登場するのは、豆腐の味噌汁だ。大きめの碗に炊きたてのごはんをそっとよそい、その上から味噌汁をかける。いわゆる「ねこまんま」なのだけれど、味噌汁が煮えばなならば、とびきりおいしい碗になる。それを漆のスプーンですくって食べる。娘はこれを口にすると、うっとりと目を閉じる。本当においしいと感じている時、人はそれを口には出さない。

思えば私がこの表情をする時は、おいしい豆腐を食べていることが多い。よくよく考えると、単なる好物ではなくて「好物中の好物」ということになる。

ジャムを煮る

ジャムを煮るのが好きである。

旬のフルーツを見かけると、いてもたってもいられない。これはジャムにしたらおいしそう、これとこれを一緒に煮たら合うのでは？　店先でひとり出来上がりを想像しながら買い物をする。

フルーツはヘタや種を取るなどの下ごしらえを終えたら鍋に入れ、重量の半分のグラニュー糖をくわえ、強めの中火にかける。ふつふつと煮立ってきたら木べらでまんべんなくかき混ぜ、素早く火を通す。

コトコト煮る、というより、ガーッと火を通すことによって、フルーツの味がぎゅっと詰まったおいしいジャムが出来上がる。

途中、けして火を弱めてはいけない。

どことなくかわいらしさがつきまとう「ジャムを煮る」という作業は、じつは火傷《やけど》も辞さない男前な作業。好きな理由はそこにあるのではないかと思っている。

「同じ季節のもの同士のフルーツは相性がいいのよ」そう教えてくれたのは、フランスでジャムの妖精と呼ばれるクリスティーヌ・フェルベールさんである。ブルーベリーとルバーブ、杏とソルダム、すぐりとラズベリー……なるほど、じっさい作ってみると、相性のよさを実感する。以来、私は忠実にフェルベールさんの教えを守っている。

じつは作るのは好きなクセに、自分ではあまり食べない。なんていうか、作りたい量と食べる量の比率が合わないのだ。だからすぐにプレゼントする。この季節をぎゅっと詰めたおくりものを友人たちはとても喜んでくれる。

いつだったか、ソルダムやネクタリン、桃、すももなどのジャムを作り、それぞれ小さな瓶に入れて箱に詰めて贈ったことがある。「ＥＡＲＬＹ ＳＵＭＭＥＲ ＪＡＭ」と名づけたそのセットは色合いがとても美しく、私はひとりで悦に入った。送った相手も喜んでくれた。

今年もまた初夏、このセットを作ろうと思う。自分ではなく誰かのために。

III おいしさと健康の関係

楽しくおいしく生きるためにも健康でいたい。
中医学の陳 志清先生、伊豆高原「やすらぎの里」大沢剛先生と。
そして初めての断食体験。

4 × 陳 志清さん

ちん・しせい
イスクラ産業株式会社取締役・薬学博士・不妊カウンセラー。日本中医薬研究会専任講師として中医学普及活動に従事。共著に『やさしい中医学シリーズ5　心と体にやさしい不妊治療』。

伊藤　健康でいることとは、「いつも楽しくおいしく生きること」と先生はお話しされていますね。

陳　病《やまい》は気からというように、なんでも「気」なんです。人間も植物も、生きているものには「気」がある。自然の恵みとよくいいます。自然界が提供してくれる「気」を吸収すると、人間は元気になります。病気も元気も、全部「気」。だから旬のものはおいしい。「気」がその人に合っているとおいしく感じます。

友達も気が合うのがいい友達ですよね。

伊藤　「気が悪い」とか「気の流れがいい」というふうにも言いますね。

陳　おいしいと思うものは、体にいいんです。ただ摂り過ぎると害にもなる。二面性があります。

伊藤　例えば生理前にインスタントラーメンが無性に食べたくなります。食べた翌日はすごく喉がかわいて顔がむくんで。この、食べたくなる気持ちはなんだろうと、いつも思うのですが。

陳　女性の体は生理前後に疲れがたまってきます。生理前後だけじゃなくて、今日は疲れてるなというときに、しょっぱいものを欲しがるのはふつうのことです。中国ではレストランの味つけがしょっぱいなと思ったら、コックさん疲れているでしょうって言うんです。疲れがたまると体は塩分を欲しがる。そして塩分を摂り過ぎるとむくみにつながります。

伊藤　疲れを和らげるために、中医学的に行ったほうがよいことなどはあるのでしょうか。

陳　疲れていると、代謝が落ちます。だから「気」を補うものをおすすめします。それは消化を促進するもので、一般的に知られているのは朝鮮人参など。

あとは、甘いものと酸っぱいものを摂るといいですよ。甘いものはエネルギーを補給し、酸っぱいものは気の消耗を抑えてくれます。

消耗を抑えるという考え方は大事です。汗をかくと、疲労が増すでしょう。お風呂で代謝を促進すると汗がいっぱい出て、かえって元気がなくなるんです。持病をお持ちの方や高齢者にとってお風呂は危ないんです。

伊藤　先生がこの間教えてくださった体にいい食べ物五つ。偶然にも、全部私の好物なんですよ。人参、トマト、クコの実、キクラゲ、ラム肉。

陳　女性の体に合った食べ物ですね。

もう少し詳しく言うと、中医学には五行《ごぎょう》という言葉がありまして、自然界には木火土金水があって、それぞれ色や人間の五臓が対応します。五臓というのは肝、心、脾《ひ》、肺、腎、それぞれ青、赤、黄、白、黒が作用します。

例えば脾は黄色で、カボチャやマンゴーなど、黄色い野菜や果物が消化を促進してくれる。パイナップルやレモンなどの柑橘類や大豆もそうです。胃腸が弱い人はこうした食べ物がよいです。黄色い野菜や果物は、夏に多いのも特徴です。夏は一番消化器を大事にしないといけない季節です。

伊藤　季節ごとに五色の食べ物があるなんて、興味深い。先生はそうすると、いつもそれを意識して食事を摂られているんですか。

陳　そうです。養生という考え方ですね。季節に合わせる、自然に順応するという意味です。

○ 季節の恵みを体に入れる

陳 夏は酸味の強いものを摂ると、汗のかき過ぎを防ぎ、体が落ち着く。梅干しとかいいですよ。暑がりで、夏ににきびが出やすい人にはニガウリとか。

伊藤 旬のものですね。

陳 秋以降にスイカを食べるとお腹を冷やすので体によくないと昔から言われますね。養生の観点からすると、季節に穫れるものを食べるのが一番なんです。

青のものは肝臓にいいんですよ。ホウレンソウやセロリ、ブロッコリー。あとレバーとか。肝と目はつながっているので、これらは目にもいいし、感情のコントロールやストレス解消作用もあります。

黒は免疫機能を強めるので腎臓にいい。腎の働きをよくさせると、免疫機能が上がり、動脈硬化を防ぐ。老化にともなうあらゆる症状に効果を発揮するんです。女性の場合は卵巣機能を支えてくれます。葡萄やブルーベリー、黒豆、黒ゴマ。あとキノコ類です。

赤いものは血行をよくします。トマト、唐辛子、イチゴなど。ナツメはとくに女性にいいですよ。

伊藤　女性に合う食べ物があるということですね。

陳　自分の五臓のうち、どこが弱いのか、考えてみるとよいでしょうね。胃腸が弱ければ、黄色いもの、芋やカボチャ、大豆をおすすめします。

おいしく食べるのも大事ですが、食べ物の性質を知ると、健康にもつながります。中医学には温めるもの、冷やすものという考え方もあって、寒い時は羊の肉や唐辛子、シナモンで体を温める。

自分の体が今必要としているのは温めるものなのか冷やすものなのか。

伊藤　私は暑がりだから唐辛子などからいものが苦手です。

陳　暑がりですと、体の中に熱がこもっているのかな。甲状腺機能の関係もあるかもしれません。体の中で潤い分が消耗されやすいので、ユリネやキクラゲ、白菜、大根、にんにく、玉ねぎがよい作用をしますよ。体に潤いを与えて鎮めてくれます。

年齢によっても必要なものは変わってきます。食べる時に、これは体にこういう影響があるな、これは自分に合うな、逆にこれはちょっと合わないから摂らないようにしようとか。そうした知識の活用が必要かと思います。

伊藤　少し頭に入れておくだけでずいぶん違うでしょうね。私もこれから体に取り入れる食材のことをもう少し意識するようにします。

○ 体が示す「要らない」サイン

伊藤 この間まで北欧に行っていて、その二カ月前はフランスでしたが、北欧もフランスも、市場には当然その季節のものしか置いてない。逆に日本のスーパーに行くと何でも揃ってます。いつからこんな便利になったのでしょう。便利になったことが体にとってよくないような。

ハウス栽培は温暖化にもつながっているし。もっとふつうに旬のものばかり売っていてもいいのではと思ってしまいます。

陳 たまに地方をまわるのですが、お客さんが「先生、これは私が自分で作ったニラです。外には絶対売らないけど」って。自分が食べるものを特別に作ってるんです。

伊藤 地方は豊かですよね。

陳 今、遺伝子組み換えの農産物もたくさんありますが、安全性について疑問を覚えます。その影響は何世代もの人を継続して見ないと、本当にはわからないですから。

伊藤 その土地でその時期に、自然の形で穫れたものを食べるようにしたいです。

陳 スーパーで買う卵にはおいしさが感じられないですよね。自然の中で虫を食べて育った鶏が産む卵はすごくおいしいし、肉だって味が違う。成長する過程で自然からたくさんの栄養分を取り入れているからです。

伊藤　一緒にスーパーに行くと、母がよく言うんです。「昔はね、卵はお見舞いに持って行くものだったのよ」って。今はびっくりするくらい安い卵がありますよね。一生同じ場所にしかいられない鶏たちが産み落とした卵……。

陳　卵はとくに技術が発達してて、たくさん産むように排卵促進のホルモンが使われる場合もあります。牛乳もそうです。

伊藤　私は子どもを産んでますが、母乳をあげていた時に、牛乳は牛の子供を育てるものだけど、それを人間が飲んでいいのかなと、はたと不思議に思ったんです。

陳　ミルクの成分は基本的にはタンパク質ですから、牛肉を食べるのと同じです。ただタンパク質はそもそもそれだけでは吸収できなくて、アミノ酸などに分解して吸収するので、摂り過ぎはよくないです。分解できないタンパク質がそのまま胃腸にたまってしまい、アレルギーが起きる。

伊藤　そうすると、お腹をくだす時は、体がなんらかのサインを出しているということですね。

陳　体はすごい仕組みを持ってます。要らないものは要らないと拒否して、下痢や吐き気という症状が出る。

伊藤　私も少しだけアトピーが出ることがあります。そういう時は、アレをすごく食べ過ぎたなとか思い当たることがあります。疲れがたまってきたなと感じたり。薬を塗るより、よく寝たり、疲れを解消する方向で考えるようにしてます。

陳　そうそう。リラックスすると解決できる。

伊藤　中国の鍼《はり》の先生がそう教えてくれました。抗生物質はただ抑えつけるだけ、それよりあなたの生活がいけないのよって。それ以来、アトピーが出ても病院に行かなくなりました。すみません、私が悪いですと反省し、食生活を見直すようにします。

仕事で食べることが多いので、味のついたものを口にするのがいやになることがあります。それで一カ月に二、三度、半日くらいお白湯だけで過ごすことも。そうすると味がちゃんとわかるようになります。

陳　料理の環境にいると太る傾向があるんですよ。中華料理のコックさんの多くは太り気味です。味見するという理由もありますが、食べなくても、油成分などを吸収している。

伊藤　自分で料理していると、食べてなくてもお腹がいっぱいになりますものね。

陳　食べてなくても、食べてるんです。食べるのは口だけじゃない。それこそ色や香り、すべてが食欲を促進したり、なくしたりします。

○ 睡眠、ストレス解消、運動

伊藤　女性にとって変化が訪れるサイクルが七年おきにやってくるという説を先日先生から教えていただいて。あと二年半で私、四十九歳になります。ちょうど先生がおっしゃっている七の倍数。とっても怖いです。四十九歳くらいから若さに陰りが出るということですが、どんなことが起きるのかとドキドキしています。

たしかにこれまでを振り返ると、七の倍数の時にあんなことがあった、こんなことがあったと思い出します。

陰りが見られないように、いつまでも元気でいられるためにも、どうしたらよいでしょう。

陳　自然の衰えは避けられないけれど、それを促進する素因、抑える素因は考えられます。生活習慣の中で養生すれば、衰えを遅らせることが可能なわけです。

さきほどから話してきたような食べ物をおいしく取り入れる方法がひとつですね。そして睡眠、ストレス解消、運動です。

伊藤　私はいつも夜十時前にはベッドに入り、日の出とともに目が覚めます。すっごく寝るんですよ。でもそうすることで体調がいいと実感してます。

陳　リズムが大事ですからね。ちゃんと養生してますね。

伊藤　だから元気。

若い頃はわりと無理をして、徹夜に近い感じで仕事をしてたこともあったんです。でもあまりよい結果が得られないというか。それよりもちゃんと休んで、仕事に集中する時間を作ったほうがいいとだんだんわかるようになりました。

あとストレス対策。いつも機嫌よくいられるといいのですが。

陳　人間はみんな多かれ少なかれストレスがある環境で生活しています。それをうまく解消することと、ストレスに対抗できる体にすること。その二つを意識するといいでしょう。

伊藤　例えば冬にキュウリが食べたくなることがあって。そういう時、もしかして心と体のバランスが崩れているのかなと考えることがあるんですが。

陳　それはおそらく暖房や乾燥が原因ではないでしょうか。

伊藤　環境が夏に近くなってますものね。

陳　あとは、冬でも、動けば動くほど体から熱が出るので、冷たいものを欲しがることも考えられます。度を越さなければ冬のキュウリもいいと思いますよ。体が欲しがっているということは、必要性があるからです。例えば火を通して食べるともっとよいでしょう。

伊藤　ではあまり気にしないようにしますね。

陳　人間は動と静の有機的な結合の中で生きています。動かないといけないけど、静かにもしないといけない。静と動のバランス。神経も、交感神経、副交感神経というように、両者のバランスが大事です。

そのバランスをうまくとるためにも、夜は九時頃には寝て日が昇ったら起きるというような、自然のリズムで生活すること。それによって気の巡りがよくなります。気血の巡りがよくならないと元気にならない。道路が悪いと車は走れない、車が走れないと物流が悪くなる。人間も同じ。循環が悪いと栄養も隅々まで届かないし、体内の老廃物を外に運び出すこともできない。気血の巡りをよくするには運動と安静のバランスが必要なんですね。

伊藤　運動といっても、先生が推奨されているのは歩くとか、テレビを見ている時にスクワットするとか。そのくらいのことなら、そう難しくなくできそうです。

陳　人間は、若い時は体力があるからわがままになってしまう。体がいろいろなシグナルを送っても、頭が頑張って体の負担を無視しているわけです。ところが年をとると、頭が一生懸命やっても、もはや体がついてこない。

伊藤　昔はついてきてくれたのに……。

陳　心身の乖離《かいり》という言い方をします。心と体の乖離。

伊藤　全部自分ですものね。バランスがとれて元気でいたいですね。毎日しっかり寝て、必要なものを取り入れて。今日の自分が明日の自分を作るということですね。

陳　そのとおりです。病気になってから治そうとしても難しいですから、健康なうちに気をつけることが大事です。

伊藤　何かあった時に治そうではなくて、まえもってやっておくという、中医学の考え方ですね。

○　気を充実させる、巡らせる

陳　未病先防《みびょうせんぼう》といいます。病気にならないうちに生活習慣の改善あるいは食事で養生する。まさこさんは無意識にちゃんとやっている。

伊藤　動物っぽいってよく言われます（笑）。

陳　きっと神様からヒントを得られているんですよ。

伊藤　でもだからなのか、気のいい、悪いには敏感かもしれません。気の悪いものにはあまり近寄らないようにしているのでストレスがたまりませんね。

陳　ストレスをためないのは大事です。自分で気を充実させる、巡らせる、それが大事。

滞らせてしまうのはよくない。そのためにわれわれは自分の養生の中で、自然界の「気」を取り入れる。呼吸もそうです。緑の多いところは空気がいい。食べ物も、自然界の「気」をたくさん吸収したものを口にする。

伊藤　梅雨の時期や気圧が安定しない季節には、自分の気持ちも安定しないことがありますよね。そういう時はどうすればいいですか。

陳　気圧の変動に強く反応する人とそうでない人がいますね。大きく影響を受ける人は、水はけが悪い可能性があります。とくに湿度が高い時に頭がぼーっとするなど。そういう時は消化機能を高めるとよいでしょう。ナツメとかレンコンとかです。水分のはけがよくなると元気になります。大根や白菜などの白いものを摂ってください。

伊藤　今日はだるいなと思ったら白いものを摂る。ためしてみます。

あと、この際だから先生にいろいろお聞きしてしまいますが、朝起きた時に食欲がないんです。それであまり食べないこともあります。でも三食ちゃんと食べたほうがいいともよく言われますし。そのあたりはどう考えればいいでしょう。

陳　一般的にいうと、朝は、さっき言ったような交感神経、副交感神経のリズムがまだ完全に整っていない状況です。消化液の量も通常運転ではない。そういう時には消化機能を促進するのがよいと思います。梅干しみたいな酸っぱいものは消化促進になります。あと血の巡りをよくする紅茶みたいなものを飲むなど。

伊藤　サプリはどうですか。

陳　自然のものかどうかを確認したほうがよさそうです。そして自分に合っているかどうか。

伊藤　自分の体と付き合うということですね。

今日はいろいろうかがい、ありがとうございました。

断食入門

台所道具に器に本、それから服も。ある一定の量を超えたら、それを必要としている人にもらってもらう。あるいは思い切って処分する。気に入って買ったものだもの、と躊躇することも時にはあるけれど、それより何よりものがたまると居心地が悪い。空気の流れが悪くなって窮屈に感じてしまうのだ。だから年に2、3度、ものの量を見直して整理することにしている。

そこでハタと気づきました。家の中はすっきりさせることができるのに、こと体に関してとなるとまるでできない。料理のスタイリストだし、取材などで食べる機会が人より多い。それに加えて、友人たちは一様に食いしん坊ときているから誘われることもしょっちゅうだ。なんだかんだと理由をつけて、体のもやりを見て見ぬふりしてきた私にある日、娘が一言。

「ママ、今が踏ん張り時だよ」

私がこの世で一番、信頼しているご意見番の言うことである。そうですね、おっしゃる通り。ここらで一度、見直すことにします。若い時はどうにかなったんです。いくら食べてもお腹が空くし、食べても食べてもそんなに太らない。ところが30代後半から私に黒い影が近づいてきた。

体は重苦しく、顔の輪郭は油断するとすぐにぼやける。あれよあれよという間に、自分がなんだかすごいことになってきている。今、どうにかしないと本当に取り返しはつかない。

そこでいつも、ごはんやお酒をともにする友人たちに恐る恐る聞いてみた。体のために何かしているのかと。すると「バレエのレッスンに通ってる」「私はホットヨガ」「ピラティスと月2のエステ」えー!? みんな人知れず努力していたのですね。

そこでなんとかしようと一念発起し、もろもろの意見を聞いた上で、断食に行くことを決意した。3泊4日か1週間か。少し迷ってまずは短めの3泊。さてどうなることやら……。

断食1日目

前日までバタバタしていて、まったく準備ができていなかった。3泊4日。さて、何を持っていけばよいのだろう。まずはパンフレットを眺めてみる。すると断食の合間には、マッサージや、血液の老廃物を出し血行をよくするというカッピング、腸の働きを活発にするひまし油湿布などの施術が組み込まれていると書いてある。ヨガや気功などのリラクゼーション、さらには生活習慣を改善する講座も行われるそうな。岩盤浴と温泉はいつでも入れるのか……フムフム。だったら動きやすいルームウェアを日数分持っていけばいいのだな。ふだん運動をほとんどしないので、じつはそういった服をまったく持っていない私。困ったので、娘につきあってもらい買い物に出かけることに。まずはおしりが隠れるくらいの丈のカットソー、それからレギンスね。えらんだのは結局、いつも着ているネイビーや黒のものばかり。

でも着心地よさそうでいいじゃないの。うんうんと、悦に入っていると「ママ、ほんと形から入るタイプだよねー」と娘。形もモチベーションのひとつだからいいいんです。

さて、服はオッケー。その他の準備もしないといけない。まずはパソコン。それから仕事の資料。発売を控えた新刊の校正紙をふた束。本を数冊。思いつくまま、あれこれと準備をしたら、大きなかごにふたつの大荷物になった。でも今回は車での移動だから大丈夫。留守番する娘にスープを2種類たっぷり用意し、行ってきます！ と勇んで出発した。

東京から、静岡県伊東市の「やすらぎの里・高原館」までは車でおよそ2時間。今日は金曜日だから渋滞に巻き込まれることもなく、順調に車は進む。さあ、あと少しというところで目につくのは、漁港に沿って立ち並ぶ店の看板だ。「地魚定食」「鯵のたたき丼」「自家製干物」……朝から何も食べないで来てくださいと言われてたので、お腹が空いている。ただいま2時。考えてみたら、こんなに長いこと食べないでいるなんて、ふだんあまりない。ああ、ほかほかの白いごはんの上に、新鮮な鯵のたたきが載った丼なんて、さぞかしおいしいだろうなぁ。きっと鯵フライなんかもあるんだろうなぁ。それとビールなんて最高だろうなぁ。腹ペコの妄想はふくらむばかりである。

誘惑を振り払い、車を進めると、やがて一軒の建物が目の前に現れた。リスが出てきそうな林の中に佇むそこが「やすらぎの里・高原館」だ。

到着するとまずは館内を案内してくださった。広間、岩盤浴、温泉……洗濯機もある。皆さん、本を読んだり足湯に浸かったりと、思い思いに過ごしていて、館内はのんびりした印象だ。

私の部屋は庭に面した1人部屋。これから4日間ここで過ごすのだ。まずは自分の部屋らしく、クローゼットに服を、机にパソコンと仕事道具を、洗面所に歯ブラシなどを置いて、ほっと一息。

先生と面談後、カッピング、その後、岩盤浴。部屋に戻って「断食なんて大丈夫か？　人一倍食い意地が張っているくせに」と心配してくれていた友人に、部屋から見える景色がいいことと、お腹が空いているということをメールで伝える。すると「帰って来たら。もう」の返事。まだ2時間しか経っていないというのに。また別の友人にも、お腹が空いていることを伝えると「何か食べれば？」という返事。断食に来たのに……私が堪え性のない性格だということを、みんなちゃーんと知っているのだ。なんだか悔しくなったので、この断食は絶対に成功させよう、させねばと奮起する。

さて6時からは夕食の時間。夕食といっても、断食であるからして、出されるものは具の入っていないお味噌汁一杯。鰹節、鯖、鰯の削り節と昆布、4種類から取るというお出汁と、米、麦、玄米、3種類の味噌を合わせて作られたお味噌汁は、とてもていねいな味。おいしい。こんなにひとつのものを集中して味わったのは久しぶりかもしれない。

同じテーブルには、50代と60代の女性。それぞれ1人の参加で、おふたりとも「年とともに新陳代謝が悪くなって、太ってしまって……」と嘆いていた。お味噌汁をすすりながら、最後まで大丈夫かしらねぇ、不安よねぇと話していたおふたり。そうですねぇと相槌を打ちながら、ふと横のテーブルに目をやると男性がふたり座っている。20人はいる参加者のうち、男性はふたりだけ。特にこれといって太っているわけでもないのに……なぜに断食をしようと思ったのだろう。

気になったので耳をそばだてて、ふたりの会話を聞いていると、どうやら1人の男性は初めて、もうひとりの男性は何度目からしい。「1週間やると本当にリセットできるんだけどね」などという説得力のある言葉や、まるでウィスキーを飲むかのようにお味噌汁をちびりちびりと味わうその姿に「断食のプロ」を感じた。

食後は入所説明会。今後のスケジュールや、周辺の散歩コースなどを親切に教えてくださる。その後、安眠呼吸法の教室もあるというけれど、私は疲れていたので部屋でのんびりすることにした。いろいろなリラクゼーションやアクティヴィティがあるけれど、治療以外は参加は自由。どうぞ思い思いに自由に過ごしてください、そう言われてなんだか安心。

ただいま、夜の10時。お腹も不思議と落ち着いているので、今日はもうベッドに入ることにしよう。

断食2日目

朝、くぐもった唸り声がしたので、なんだろうと思って飛び起きたら、自分のお腹が鳴る音だった。それでもなぜか、猛烈に食べたいという意識は起きない。ベッドでぼんやり過ごしていると、窓の外から小鳥のさえずりが聞こえてきた。こんなにいろんな鳥がいるんだなぁと感心せずにはいられないほど、その音色は様々で、聞いていていて飽きない。かわいいなぁ。そうだ、今日は林の中を散歩しよう。

広場にお茶を飲みに行くと、朝の体操が始まっていた。みんなで何かするのが苦手な私は、温泉で、ひとりゆっくりお湯に浸かることにする。

9時からは施術へ。マッサージをしてもらい、最後はお腹に生姜の湿布を貼り、毛布をかけて全身をローラーでまたマッサージ。生姜の湿布はじわじわと体を温め、終わる頃には全身ポカポカ。その後、広間に行ってお茶を飲んでいると「あら、顔が赤いわよ、血行がいいのねぇ、私はあんまり効かなかったわ」と声をかけられる。同じことをしても、その人によって感じ方が違うのはなかなか興味深い。

朝食は10時から。今朝はにんじんと生姜のスムージー。1人50キロカロリーというレシピは、にんじんが40g、りんごが20g、アルカリイオン水とりんごジュースがそれぞれ50cc、生姜ひとつまみ、レモン汁2・5ccをミキサーにかけたもの。それぞれの素材の味わいが、いつもよりじかに感じられるのは、断食のおかげ？

ちなみに断食コース以外に「養生食コース」というのもあって、そちらは1人500キロカロリー。メニューは玄米、玉ねぎとワカメの味噌汁、キャベツ、大根、にんじんのぬか漬け、キャベツオムレツ、ひじきの煮物、グリーンサラダに清見オレンジ。ふだんだったら、物足りないと感じてしまいそうな食事も、スムージーだけの身からすると、しっかりして見える。あの食事なら、1週間は楽勝ですね、となりの人と囁き合う。今度は養生食コースにして、1週間滞在しようか。ごはんはあるし、温泉はあるし、原稿がたまっている時など、ここにいたら最高ではないか。

部屋に戻って本を読んでいたら、2時を過ぎていた。雨も止んだようだし、散歩に出てみよう。

散歩から帰ってきてしばらくベッドで昼寝をする。なんとなく頭がぼんやりして、少しだるい。「頭が痛くなったり、お腹が空いてがまんできなくなったら、生姜湯を飲んでください」初日の説明でそう聞いていたのを思い出し、生姜のパウダーに三温糖を混ぜたものをお湯で溶いて飲む。スムージーにも生姜、お腹には生姜のパック、そして生姜湯。体を冷やすのはよくないと言われているけれど、生姜と温泉などの効果もあって、ここに来てから食事は摂っていないというのに、体はずっと温かいままだ。

6時。広間に行くともう食事が始まっていた。今日は蓮根のすり流し味噌汁。蓮根200gに一番出汁800cc、白味噌25g、生姜1g。これで5人分。蓮根のすり流しはよく家でも作るけれど、白味噌で味をつけたことはなかった。塩分も程よく、甘みもあっておいしい。そしてまたここにも生姜が。

食べ終えて、少し休み、夜から、代表の大沢剛先生による生活習慣改善講座の前に温泉に入ることにする。

先生の話は興味深く、ああここを選んでよかった、そう思えるお人柄。最終日、断食を終えた後の対談が待ち遠しい。

今日は9時半就寝。空腹で一番辛いのが3日目の朝とか。お腹が空いたとは思うものの、辛いとまで感じない私は、断食に向いているとか。よかった、なんとか乗り切れそう。

断食3日目

朝、起きると体がだるい。原稿を書こうと思っていたけれど、一向にやる気が起きない。それどころかベッドから起き上がるのもやっとといった状態。「3日目が辛い」というのは、これだったのか。

だるさを引きずりつつも、これではいけないと思い、生姜湯を飲み、ちょっと一息。体がほぐれて血の巡りがよくなっていく感じがする。広間には生姜湯の他、カモマイルやペパーミント、フェンネルなどの無農薬のハーブティーや、センナとドクダミをハブ茶で割った便秘茶、梅酢をアルカリイオン水で薄めた梅酢水などがあり、好き好きに飲んでいいことになっている（ただし砂糖の入った生姜湯は1日に3杯まで）。部屋のポットにも、ハブ茶が常備してあるので、ちょっとお腹が空いたな、とか気分転換したいな、なんて時にはお茶のお世話になる。ふだんだったら、きっと甘いものやコーヒー、夜だったらお酒を飲んで、気分転換を図るけれど、ここではそんなことは言っていられない。けれども今は、体がそれらを求めていない。もっと食べ物のことで頭がいっぱいになるかと思っていたのに。

じつはここに来る前はちょっと不安だった。友人知人に断食をすると言うと「大丈夫なの?」と本気で心配されるし、しまいには「まあ、だめになったら帰って来ればいいんだし」とまで言われる始末。仕事も兼ねての滞在だったので、だめになって戻ることだけはしたくはないと思っていたけれど、もしかしたらそのような事態になるかもしれない……と思っていたのだ。

ところが蓋を開けてみれば、案外楽で、むしろ体の中が軽くなっていく様子をじかに感じられるのが楽しくなってきた。それがなんだかうれしい。

10時、広間に朝食を摂りに行くと、玄米のお粥と梅干し、お麩の味噌汁が出てきた。久しぶりの固形物。ごま塩が添えてあったけれど、まずはそのままおかゆを食べてみる。次に味噌汁を一口。うーん、おいしい。となりの男の人が一口飲むたびに「あー」という声を発していておかしい。うんうん、たしかにその気持ち、わかるなぁ。

断食の最中、何が一番食べたくなるかなと想像していた。甘いもの? ごはん?

それともお酒？　意外なことに一番欲したのは味噌だった。ちょっとひと舐めできたらいいのにな、何度そう思ったことか。これは自分としては意外だった。味噌なんだ！　味噌は偉大な食べ物である。なんていったって日本が誇る発酵食だものね。

ゆっくり食事を摂った後、11時からマッサージ。今日はひまし油をお腹に湿布して温めてくれた。少し休んで温泉に入ると、まただるさが戻ってきたので、午後からはベッドでずっと本を読んで過ごした。こんなにのんびりしたのはいつぶりだろう？

6時、夕食。クコの実の入った五穀米のお粥、大根の味噌汁、豆腐、梅干し。豆腐は鰹節がかかっているだけ。お醬油などは見当たらなかったので、そのまま食べると、大豆の味が口の中にふくらんだ。味噌汁もずいぶん味は薄めだけれど、ていねいに出汁がとってあるからこれで十分。断食をすると味覚が敏感になるとは聞いていたけれど、そうかこのことだったのかと合点がいった。

それにしても、いつもどれだけインパクトのある味を求めているのだろう、と思う。これだけで十分なのに……とは思いつつも、家に戻って何か食べたら、それもおいしいと思うことは間違いない。要は足し引きの問題。食べ過ぎたら、食べないようにする。とても簡単なことなのにそれがなかなかできない。

5 × 大沢 剛さん

おおさわ・つよし

やすらぎの里代表。日本全国の治療院、食事療法施設で研修を重ね、2000年より伊豆高原で開設。『森の中は診療所』『週末一日断食のススメ』（共著）などの著書がある。

伊藤　3日間の断食プログラムをちょうど終えたところです。講座のなかで先生は、体質は大きく2つに分けられるとおっしゃっていましたが……？

大沢　細かく言うともっとあるのですが、わかりやすいように「虚」と「実」という言い方をしてます。自分の体質をわかっていれば、それに合った食事ができますので。

「虚」はエネルギーが不足しているタイプ。食べてもあまり太らないし、食べないとすぐばててしまう。そして食べ過ぎるともたれてしまう。そういう人は胃腸が弱くて、あんまりきちんと食べ物を消化吸収できないので、慢性的に、東洋医学では気だとか血だとかというんですが、元気を作っている元のエネルギーが不足している感じ。

逆に「実」は余っている人です。なんで余っているかというと、胃腸が強くて、いくらでも食べられる。そして食べたものを全部吸収できる。食べ過ぎが続くとため込むことになってしまいます。

伊藤　私はまさに「実」のほう。お酒も全然大丈夫なので、つい飲み過ぎちゃったり。

大沢　無理も利くので、余分なものをため過ぎて、それが元で生活習慣病になったりしやすい。なので、「実」の人たちはまさに断食向きなんですよ。

伊藤　仕事が食べることだし、仕事関係の人がみんな食べることが好きなので会食も多くて。それで2年余りで5キロ太りました。

大沢　どこかで調整をすればいいと思うんです。一日一回ちゃんとお腹を空かせるとかね。

伊藤　一日のうちでバランスよくというのは、性格とまわりの環境を考えるとなかなか難しくて。

大沢　そういう時は開き直って、毎回の食事を理想通りにしようというのは諦め、一週間の幅をもたせたなかで帳尻を合わせればいい。いっぱい食べ過ぎる時があれば、そのあとぎゅっと抑えて。例えばお肉をたくさん食べたらあとは菜食にするとか。一週間のなかで考える。

伊藤　たしかに食べたくない時はあります。そういう場合はお白湯だけで過ごしたりはしています。

大沢　その感覚が大事です。

○　体が求める以上に食べてしまう

伊藤　先生のお話で心に残ったのが、体と腸を調えるのは、毎日を気分よく過ごすためって。シンプルな考え方ですね。

大沢　おいしいものを食べるって人生の大きな喜びじゃないですか。そのために、健康を保つ。

伊藤　もともと料理人をされていたとか？

大沢　こういう施設をやってる人は断食で病気がよくなってる人が多いんです。だから「食べちゃダメ」という考え方が強く出る場合があるのですが、僕はもともとが料理人なので、むしろシンプルな食事をおいしいと思っていて、それをどうやったら伝えられるかを考えています。

伊藤　健康じゃないとおいしく感じないですもんね。たまに病気になると、健康は当たり前ではないな、と思います。どうして病気になったか考えてみると、私の場合、食べ過ぎが多いような気がします。自分一人だとなかなか3日間も断食できないけれども、こちらでは食事もちゃんと作ってくださるし、お茶もあるし。全然へっちゃらだったことが意外でした。

大沢　本当に空腹になるとシンプルなおいしさに気づくものなんです。

伊藤　こちらのお出汁が本当においしくて。最初に着いた夜に具なしのお味噌汁をいただいた時、ここで3日間やっていけそうって思いましたもん。

大沢　おいしいという味覚はどんどんエスカレートするんですね。これもあれもときりがなくなって、体を壊すまでおいしいものを食べ続けないと満足できなくなっちゃうものなんです。ここみたいな施設に入ると誘惑がないから、本当に体が欲してる分だけ取り入れて、こんなに少なくて満足できるってわかる。

　歳がいけばいくほど、そんなに食べなくても大丈夫なんですよ。今回だと最高齢75歳の方が断食してました。

伊藤　エネルギーを使わなくなるってことですか？

大沢　動物で考えたら繁殖を伴う時まではいっぱい食べるんですね。種を残さねばならないし、子どもを育てないといけない。そこから離れると、種を残すための余分なエネルギーは必要ないわけです。

伊藤　それでも年をとっても食べたい人っているじゃないですか。私もそうなりつつあって。それは体より頭が欲しがってるということ？
大沢　脳の欲求がふくらんで、体が求める以上に食べてしまうのでしょうね。
伊藤　これを済ませたらお酒を飲もうとか、甘いものを食べようとかつい考えてしまいます。お酒や甘いものって人間にしかない楽しみですものね。
大沢　ある種依存症になってるんですよね。そういう意味では、ここは過剰な刺激や欲望、よりおいしいものを求める「行き過ぎ」をいったん戻すきっかけの場です。

○　ごはんでもケーキでもなく、味噌

伊藤　子どもを産んだ時に、私は動物だったということに気づいたのですが、今回シンプルな食生活を送って、そのことを思い出しました。
大沢　食欲だとか性欲だとか睡眠欲だとか。そうした基本的な欲求は本能に直で入るところがあって。食欲は生きようとする本能なので、それを一回ストップすると、逆に生きたい、生きようという意欲が出てくる。それから比べたら、将来の心配とか悩みは、今生きるのにそう困ることではない。空腹がリアリティをもって体にくると、それ以外のことはどうでもよくなる。断食って意図せずにそういうことが起きる。それが爽快感みたいですね。どうでもいい余計な心配より、今目の前のことになる。

伊藤　ひとつ食べたかったのものがあって。日記にも書きましたが、味噌が舐めたくなったんです。ごはんでもケーキでもなく、味噌って。

大沢　妊娠中に食べたいものと似たところがありますよね。

伊藤　妊娠中はカレーうどんでした（笑）。

大沢　具体的にあがってくるのは体の欲求と思っていいですよ。

伊藤　となりに座った方が70くらいの女性で、お腹が空いたと、すごく苦しそうでした。前に座った女性もビールが飲みたい、お肉が食べたいっておっしゃっていて、私も来る前にはいろいろ食べたくなっちゃうんじゃないのってみんなから言われてたんですけど、部屋で好物を思いうかべてもすっごく食べたいと、ならないんですよ。で、味噌。不思議です。あとしょっぱいものかな。

大沢　しょっぱくてうまみがあるものでしょうね。

伊藤　あと先生が講座で繰り返しおっしゃっていたのが、体の声を聞くこと。

大沢　動物的な本能ですね。例えばうちだったらわんこがいて、散歩に行くとたまに草を食べてるんです。誰から教わったわけでもなく、どの草でいいわけでもない。それってたぶん消化がスッキリしない時に、天然の下し薬みたいな感じで食べてるんです。ペットでさえ体が必要なものがわかっている。人間だって体の欲求のまま食べれば健康になるんです。

伊藤　頭じゃなくて体ですね。

大沢　頭は暴走しやすいですからね。人間くらい脳が大きい動物はいないでしょう。大きいおかげで暴走しちゃうリスクもしょってしまっている。

○　体の中で何が起きているか。体の声に従っているか

伊藤　そのバランスをとるにはどうしたら？

大沢　体のほうに意識を向ける。本来体はものすごい精巧なシステムで呼吸したり消化したりをやっている。その体の働きを上手に利用すればいいだけなんです。必要なものを必要なだけ吸収して、余分なものはためこまない。ところが考え過ぎると、精巧なシステムが乱れ始める。だからなにかおかしい時は、ずれてるのは頭のほう。

伊藤　そうならないためには、よく寝て自分で体の調子を調えるということですね。

大沢　適度に動いて、ちゃんと寝る。脳は単調に飽きて刺激を求めるから。健康が続くと、いろいろやりたくなっちゃうんでしょうね。

伊藤　ぎっくり腰になった時に鍼の先生に言われました。忙し過ぎるし、食べ過ぎだから体が教えてくれたんだよって。アトピーやヘルペスが出るのも、体が正直だからですね。

大沢　症状は体の中で先に出ます。見えないところで進行して、ある時コップから溢れるように表に出てきます。だから本当はさいしょの違和感で気づければいいんですけど。

伊藤　腸の中で炎症が起こってる時はどんな感じですか。

大沢　なんかスッキリしないな、とかね。出るものがスッキリ出ないとか、出ても調子悪いとか。おならがくさいなとか、ガスが溜まってるとか。出てきた仕上がりの状態を見れば、中でどんな処理がされていたか大体想像がつく。

伊藤　ちょっとおかしいなという感覚ですね。

大沢　例えば皮膚のトラブルは死ぬことはないけれど目立つでしょう。それは何かを伝えようとしてるんです。自分の体を信用して、その声に従えるようになるともっと自由になれる。

伊藤　お薬を5年くらい飲んでないんです。アトピーが出たらそれは食べ過ぎなんだよって。前は薬を塗って抑えましたけど、食べることを調整すると引くんですよね。

大沢　一過性に薬を使うことに、僕は反対はしないけど、薬はただ抑え込むだけなので、いつか一過性のサインじゃないものが出てくる。

○　100か0ではなく、10点20点でもアップする方策を

大沢　僕は一般の人にかわって体の声を翻訳するのが自分の仕事だなと思っています。この3日間をひたすら寝て過ごす人も多くて、そういう人たちには自分が思っている以上に体は休みを欲しがってるんだよとお伝えしました。

伊藤　私もふだんは夜明けとともにぱちって目が覚めるんですよ。それでこちらでも目覚ましをかけなかったら、今朝は8時45分くらいまで寝てしまって。あやうく面談に遅刻するところでびっくりしました。

大沢　睡眠は大事なんです。寝てる時に内臓はフル回転で動いて、処理できなかった雑務みたいなものを「やれー」って片づける。ところが睡眠不足だと、何カ月も、下手したら何年もやり残しの仕事がたまって、体の中がゴミ屋敷みたいになってしまう。

伊藤　あと、食事をちゃんと作れない方がいらっしゃるかもしれないけど、悩んだらお鍋にしてくださいって、おっしゃっていましたね。

大沢　今回来た方でも少なくとも3分の1は外食中心です。あとは仕事の関係で帰宅が10時とか11時12時を回る人。夜中に帰ってから料理できるかっていうと、家族がいればまた

別ですけど、自分のために作るかと言ったら。

伊藤　大変ですね。

大沢　そういう人たちにもアドバイスができたらいいなと。例えば全部外食で夜はお付き合いという人には居酒屋で大人のおつまみをえらびましょう、とか。ポテトとかたこ焼きとかピザではなく、刺身とサラダと酢の物にするとか、最後はおにぎりで〆るとか。そういう家庭で食べるものに近いように。

伊藤　少し意識すれば外食でもちゃんと自分でえらべますもんね。

大沢　外食だから、居酒屋だからもうだめって、１００か0かにならないように、工夫できることがあればやろうよって。

伊藤　コンビニだとどういう感じですか。

大沢　加工が進んでないものですね。お弁当よりおにぎりやサラダやゆで玉子とか。コンビニのおでんだって、加工品より素材の形が残ってる玉子や大根とか。鯖の缶詰をサラダと合わせるとか。

諦めないことです。10点でも20点でもアップする方法があるんですよ。

○温める、巡りをよくする、オイルを摂る

伊藤　生姜を摂る機会がすごく多いんですね。それは体を温める作用ですか。

大沢　温めたり、あと生姜には発散させる力があります。温める働きが強いのは乾薑《かんきょう》といって、乾燥させた生姜なんですが、あとはすり下ろした生の生姜、あれは発散します。めぐらせる働きってすごく大きいんですね。

伊藤　パックをした時もすごかったです。顔が真っ赤になって。

大沢　温めるポイントはお腹や背中など体の中心です。

伊藤　外からと、内からと。

大沢　内臓の温度が下がると内臓の働きが悪くなるので、必要なものを吸収できなかったり、不要物が出にくくなったりする。

伊藤　お部屋も温かいし、ベッドには電気毛布が入ってるし。寒くなったら温泉に入ったり岩盤浴をしたり。体を温めるっていいなと改めて思いました。

大沢　人間は毛の生えてない猿なんですね。体毛も皮下脂肪もそう多くない人間は、本来暖かいところで暮らす生き物だと思うんです。だから運動して自力で温めるのが一番いいけれど、それが十分にできないのでせめて外から温めて巡りをよくしようと。
伊藤　ふくらはぎの筋肉をつけると、そのポンプの力で体全体の血の巡りがよくなるんですよね。
大沢　そうそう、外から温めながら、自力でもやれればより効果的です。
伊藤　ひとつ質問です。私はいつもお腹が空いてるんです。それは、体より頭がもっと食べたいと思ってるってことですよね。
大沢　その場合と、あとは血糖値が下がりやすい傾向もあります。食事の内容が糖に偏っていると、食べたあとに血糖値が上がって、その後下がりやすいんですね。下がる時に空腹を感じます。例えばお菓子みたいなものとか、糖質が多いと空腹を感じやすい。だから血糖値を下げないもの、例えば上質な油やタンパク質を摂るといい。オイルには天然のホルモン補充療法みたいな効果もありますよ。
伊藤　どうやって摂ればいいんですか。
大沢　例えば朝パンを食べる時にオリーブオイルをたっぷり付けるとか。サラダも意識的にオリーブオイルを多めに入れるとか。コツコツとフレッシュなオイルを摂るのがよいと思います。

○一日のなかに散歩を取り入れる

伊藤　食べると一気に体が温かくなるんですが、それも低血糖値だからでしょうか。

大沢　食べて暑くなるのは食後の発熱が活発ってことですから悪くないですよ。年齢を考えたら気が上にのぼるといいますけど、使っているところに血液が上がってきますので、頭ばかりを使っていると上のほうに血液が集まりやすくなるんですね。そうすると血液が集まるところは熱を持ちやすい。例えばの大人のアトピーは体より顔のほうに出やすいです。そういう時は歩くと、上にのぼり過ぎていた血液が下がる。

伊藤　一日パソコンに向かってると、夕方4時頃には気持ちが悪くなることがあって。たまに動けばいいんですね。

大沢　そうです。動けばいいんです。

伊藤　すごく簡単な話だ。

大沢　動くと集中力が上がりますよ。血液のポンプの働きで脳に行く血液量も増えて脳細胞にも栄養が行くようになる。

伊藤　じゃあ一心不乱にパソコンに向かうよりは、たまに体を動かしたほうがはかどる。

大沢　ひと区切りついた時とか、ちょっと煮詰まった時はむしろ歩くことで血液の循環を増やせば、アイディアがふっと浮かぶ。

伊藤　いつもは甘いものとお茶にしてしまうけれど、これからは歩いてみます。外の空気も感じられますもんね。

大沢　狭い画面だけを見ているより、外に出て空を見上げると視界がうわっと広がって思考の幅も広がる。視界と思考はつながってます。

伊藤　たしかにそうですね。睡眠と同じように、一日のちょっとした休憩も必要なんですね。疲れたというのは体が出してるサイン。

○　カラッポの清々しさのあとの「おいしい」

伊藤　今回本当に気の持ちようと思ったのは、お腹が空いた時に、グーグーと鳴っているのが気持ちいいんですよ。お腹が空いてイヤじゃなくて、すごく気持ちのいいほうに向かっていることを実感しました。

大沢　そうなんですよ。絞り込まれる空腹感って決していやなものじゃないんです。ふつうはそこまでいく前に食べちゃうけど。そこを越えるとカラッポの清々しさがある。だから小腹が空いてもそこを耐えると、晩ご飯が本当においしく感じられる。普通の食事をおいしく感じられるための断食だと思うんですね。

伊藤　おいしいっていうと、手の込んだ料理とか、珍しい食材とか、そういうふうに思いがちですが、そうではないんですよね。

大沢　例えばりんごをかじって感じる瑞々しさとかね。手の込んだデザートより喜びがあると思う。

空腹って慣れないものなんです。リピーターの人も多いけど、毎回やるたびにその人なりの気づきがあって。だからリピートして来る人がいる。

伊藤　もっとダイエット目的の人が多いのかなと思ってましたけど。

大沢　ただ痩せるためではなくて、体にたまった余分なものを削ぎ落としたいという人が増えてますね。断捨離だってあんなに大きな流れになって、余分なものを抱え込み過ぎているというのを、今の時代を生きてる人は感じていると思う。スッキリ身軽になりたいので断食。体の声を聞く時間。

伊藤　ここにいる間は無理をするのはやめようと。

大沢　それが許される場所です。体のままに過ごして、3日後、急に霧が晴れたみたいにスカーッと元気になって帰って行きます。

伊藤　このあと帰宅して、何を食べたくなるのか、楽しみです。

大沢　食べたいものを食べるといいですよ。そのかわり食べたくなくなったら食べない。ちょっとでも残す。食べたいものを食べるということは、食べたくなくなったら食べるのをやめるということとセットなので。これくらい残すのもなとか、高かったからなっていうのは体の欲求以外のところで無理矢理詰め込むことになるのでそこは潔く食べない。

伊藤　お酒の味も敏感に感じるかもしれないですね。

大沢　沁みわたる感じがよくわかりますよ。吸収がよくなってるので少ない量でまわりも早いんじゃないかな。ちょっと余力を残したところで終わりにできたら次の日もまたおいしく飲めるでしょうね。

伊藤　何を食べたくなるかな。お酒をおいしく感じるかな。楽しみです。

断食最終日

朝、起きると9時少し前だった。大沢先生との最終の面談は9時。慌てて身支度を整える。いつも夜明けとともに自然に目が覚めるからと油断をして、目覚ましをかけていなかったのだ。まさかこんなに眠るとは。面談を済ませると、朝食が始まっていた。玄米、豆腐と青のりとねぎの味噌汁、にんじんのじゃこ炒め、ほうれん草の地のり和え、漬物サラダ、甘夏のゼリー。どれも調味料は最小限。それでも味覚が敏感になっているから、十分だ。4日目にして、ふだん通りの食事に戻った。

荷物をまとめ、お世話になったみなさんに別れを告げ、車を走らせる。行きに目がいきがちだった、漁港の定食の看板は、穏やかな気持ちで眺めていられる。そんな自分が不思議でたまらない。断食が終わったら、きっと急いで何かを食べに走るのではないかと思っていたのだ。

途中、小田原近くの海沿いの道で、ちょっとした渋滞にひっかかる。このまま帰ればいいものを、そうだせっかくだからと古くからあるあんドーナツのおいしいパン屋を思い出し、小田原駅近くのその店に立ち寄ると、残念なことに、もう売り切れていた。あんドーナツはその店の看板商品なのだった。なんだ、残念……と思ったけれど、ここでハッと我に返る。ついさっきまで、穏やかな気持ち、などと言っていたではないか⁉ これではすっかり元の私……と、店先でひとりクスクス笑ってしまった。パン屋のおばさんは、きっと不思議に思ったにちがいない。

断食後

帰ったその夜は、実家で鍋だった。そこで大沢先生の言葉を思い出す。「外食をしても、心がけ次第で食生活は変えられます」つまりメニューのえらび方などに気を配ればいいということ。「コンビニでも、おにぎりとかサラダとか、素材にあまり手を加えていないものをえらぶようにするといいですよ」と先生。なるほど。今日のように鍋だったら野菜を中心に食べればいいのだ。さすがに断食明けだったので、お酒を飲むのはやめてその日は早々にベッドに入った。

翌朝、5時半起床。じつは断食をしたら「体重が驚くほど落ちた」とか「まるで修行僧のような気持ちになって欲がなくなった」とか、ものすごくドラマティックな展開が待っているのではないかと期待していた。けれどもじっさいは体重は1キロしか落ちてはおらず、食欲もまぁふつうにある。そうかそんなものなのか……と思ったけれど顔を洗ってびっくり。肌がつるつるになっているではありませんか。「たまごの殻がつるりと剝《む》けた」という表現がぴったり。

これには本当に驚いた。食べるものって、自分を作っているのだなぁ、こんなに違うものなのだなぁ。よしっ、これからは食生活を見直そう。自分を調えるんだ。俄然やる気が出た。

けれども今夜、断食明け記念にお鮨を食べに行く約束をしている。何かと誘惑の多い毎日である。

するとここでまた先生の言葉を思い出す。「あまり我慢するのもよくありません。要はバランスの問題。食べ過ぎたなと思ったら翌日気をつければいいんです」

その日は、お鮨を堪能し、お酒もちょっぴり愉しんだ。ああいいなぁ。おいしいものをゆっくり味わうこの時間。しかも少量でも満足するし味覚は敏感になっている。言うことなしではないか。

「食べない」ってことが、「おいしく食べる」につながるなんて。3泊4日の断食の旅が導いてくれた驚きの気づき。これからは「食べ過ぎてしまったら、食べずに胃を休ませる」を頭において、暮らしていこう。だって、おいしいものを食べるのは私の生きがいなのだからね。

パセリの効能

ここ数年、薬を飲んでいない。調子が悪いな、と思ったら、あまり食べないようにして胃の負担を軽くし、とにかくよく眠る。これでだいたい治ってしまう。

では、薬代わりになっているものは何か。その答えはパセリである。そう、あの料理のつけあわせに控えめに添えられてくる緑のモシャモシャした葉っぱ。それをもりもり食べるのだ。

特に健康を意識して、というわけでもなく、何より味が好きなのと食べると口の中や胃がさっぱりするからというのが理由にある。

パセリは買ってくるとすぐにピッチャーに入れてキッチンの窓辺に置く。時々、お腹が空くとそこから葉をつまんで食べる。

葉を食べる量と自分の体調にはどこか関連性があるらしい。二日酔いの時や肉料理が続いた時は、欲する量が多くなるから不思議だ。よく犬が散歩中に葉を食べる姿を見かけるけれど、きっとあれに近いのだと思う。

パセリの効能は疲労回復や食欲増進、食中毒の防止などがあるという。料理に添えられることが多いのは、単なる彩りではなくて、きっとそういったことも考えられた上なのではないか。

ついこの前、訪れた高知の日曜市で買ったパセリは葉がやわらかく香りは若々しい、それはすてきなものだった。「朝摘んできたばかりだよ」と売りに来ていたおばちゃんが言う。ひと束一〇〇円。値段もこれまたすてきである。もちろん買って、宅配便で家に送った。帰ってさっそく、たっぷりのパセリをみじん切りにし、トマトや紫玉ねぎなんかと合わせてボウルいっぱいのタブレを作った。

鰯のローストに合わせることの多い、このタブレだけれど、この時ばかりは鰯は無し。ボウルを抱えるようにしてたっぷり食べた。高知の旅で昼から夜まで飲み食いしていて胃袋が疲れていたに違いない。このおかげで、すっかり体調が戻った。

勘に従う

電子レンジの仕組みを聞いて驚いた。なんと、加熱するのではなく、食べ物の水分子を振動させて熱を発しているのだとか。水分子の振動は一秒間におよそ二十四億五千万回。あの小さな箱の中で、なんだかすごいことが起こっちゃっているのである。

我が家には電子レンジがない。電磁波がどうの……という以前に、なんていうか、温まり方がしっくりこないからだ。

「不便じゃない？」よくそう聞かれるけれど、特に不便さは感じていない。慣れれば、というより、ほぼない生活しか知らないからそういうものだと思っている。ごはんはあまったらクッキングシートに包んで冷蔵、すぐに食べない場合は冷凍する。食べる時はその都度、蒸籠で蒸す。ほかほかと湯気の立ったごはんはまるで炊きたてのようで、しみじみおいしいな、食べるたびにそう思う。

おかずも場合によってはクッキングシートに包んで蒸す。揚げものはトースターやオーブンで、牛乳は小鍋に入れてガスで温めて……という具合。

電子レンジに限らず、なんだかピンとこないものは使わないし、食べない。今は情報があふれているけれど、自分の勘を信じていれば、あまり間違ったことにはならないのではないか、そう思う。

時々、インスタントラーメンが無性に食べたくなる時がある。そういう場合は、我慢せずに食べる。ひとつにしておけばいいものを欲張ってケーキをふたつ食べてしまうこともある。そしてそのあと、じつはチョコレートにも手を出すことがある。

食欲がいつもと違うほうに傾いている時は、きっとそれなりの理由があるはずだ。あまり考えずに、そういう日があってもいいんじゃないか、と気楽に構えるといい。

さて、私が今何を食べたいかというと、山盛りのサラダだ。昨夜《ゆうべ》、肉をたっぷり食べたからだと思う。こんな時、体は正直だなあと思うのだ。

台所のにおい

「ああ、右手がふきんだったらいいのに」きれい好きで知られる友人がため息まじりに漏らした名言である。ガス台の油はね、シンクの水はね、台所仕事をしていると、何かと気になるあれやこれやを、このお方、即座にふきんで拭き上げる。おかげで汚れが立ち入る隙がまったくない。また別の友人は一日の終わり、台所のあらゆるところを拭いてからでないと落ち着いて眠れないという。「最後、掃除が待っているから酔えないんだよね」五徳と換気扇を毎日洗う強者もいたっけ。

私のまわりの料理上手たちは、いつも台所をピカピカに磨き上げている。「料理のにおいが残っているのが気になる」これはみんなの共通意見。美しい台所から生まれる料理は、やはり美しく、そしてきりっとした味がする。

みんなのきれい好きにはおよばないけれど、その気持ちはよくわかる。さっきまで機嫌よく食べていたのに、お腹がいっぱいになった途端そのにおいがじゃまになる。鼻をクンクンひくつかせ、残り香があると、うーむと思う。

次に料理に向かう時は、まっさらな台所がいい。だからせっせと片づけに励む。

道具は洗ったら、しっかり拭いて、乾燥させる。乾燥したら、元の場所に戻す前、においをかいでみる。ステンレスのボウルやレードルは大丈夫。問題は木べらや菜箸、粉引など、においを吸い込みやすい道具や器である。気になるようだったらもう一度、洗う。

この時の私の味方はタワシである。洗剤はつけずに水だけでゴシゴシ洗う。するとたいていのにおいはとれる。ゴシゴシゴシゴシゴシゴシ……一心不乱にとにかくこする。

使い終わったタワシもまたきれいに洗う。奥のほうにつまった汚れを取り去り、水気をよく切って、台所の窓辺に置いて乾かす。すっかり乾いたら台所仕事終了。

台所はいつも風通しよく、こざっぱりと、そしてにおいなく、が私の目標。次の料理と向き合うために。

苦手な食べ物

好物はたくさんあるけれど、苦手な食べ物だってもちろんある。

まずは辛いもの。食べるとおいしいと思うのに、体が気持ちに追いつかない。顔は真っ赤、汗はだくだく。食事中、ずっとそんな調子が続くので困る。

次はココナッツの実の乾いた部分。どうもあの、さりっとした歯触りが苦手なのだ。

以上、おしまい。

今でこそ苦手な食べ物はほとんどないけれど、子どもの頃はネギや春菊、香菜などの香味野菜が苦手だった。

特に香菜。家族で中華街に食事に出かけると、料理の横にさりげなく添えられている。一本か二本、ほんのわずかなのにその香りは強烈。お願いだから、そのお皿を遠ざけてと母にお願いした記憶がある。

それが今では五本の指に入る大好物。味覚の変化というのは不思議なものだなあ、と思う。

　中学校に上がる手前くらいまで、鰯のつみれ汁やピーマンの肉詰め、魚全般も苦手だった。残すこともあったけれど、親は私に無理強いしなかった。それはとてもありがたいことだった。きっと「食べなさいっ」と、目くじら立てて言われたらもっと嫌いになっていたのではないかと思う。

　だから娘にも、そんな感じで接した。子どもは案外、動物的だから食べないものがあったとしても大丈夫。必要ならば食べるようになるさ。アレルギーもほとんどなく、それほど偏食でもなかったから、こちらとしてものんびりした気持ちでいられたのかもしれない。

　そして、今十八歳の娘は、着々と苦手なものを克服してきている。刺身、水菜、焼きなすなどは、今となっては大好物。ネギもまあまあいけるようになってきた。

　私としては、ぜひとも香菜を好きになって欲しいと思っている。本人は「それは絶対に無理」と言い張っているけれど、一発逆転は期待できそう。なんせ親子なのだから。

夏の定番

夏になると、ズッキーニやナス、パプリカなどの夏野菜を煮込んでラタトゥーユを作る。厚手の鍋にオリーブオイルとつぶしたにんにくを入れて火にかけ、香りを出したら、みじん切りにした玉ねぎ、一口大に切ったパプリカ、ズッキーニ、ナス、トマトを入れて軽く火を通す。頃合いを見ながら弱火でコトコト。塩で味をととのえたら、出来上がり。タイムなどのハーブを入れると味に奥行きが出ていい。

旬の野菜はおいしい上に、値段も安いときているからうれしい。パンパンに太ったズッキーニが一本一〇〇円、なんて時がラタトゥーユの仕込み時。大きな鍋にたっぷり作ってもりもり食べる。食べ終わったら鍋ごと冷蔵庫に入れ、パスタのソースにしたり、オムレツの上にかけたり、チキンのグリルに添えたり。作っておくと何かと重宝する。

玉ねぎは入れない、という人や、野菜は一つずつフライパンで炒めてから鍋で煮込むという人も。作り方がそれぞれなのは、さすが家庭料理とも言うべきで、家や人ごとにいろんな味があるのは興味深いところ。

母は、まずトマトソースを作り、そこにオリーブオイルで素揚げした野菜を入れ煮込む。母のラタトゥーユはコクがあっておいしいけれど、私は素揚げするのがめんどうなので、鍋一つでできる気楽な方で。

夏野菜を料理するのは楽しい。鍋の中の色合いがきれいだし、威勢がいいから、こちらまで元気になる。

見逃せないのは、火を通すうちにそれぞれの野菜が一つになる瞬間だ。さっきまで鍋の中でよそよそしかった野菜同士がふとした瞬間、手をつなぐ。そうなったらしめたもので、もう十分も煮込めばできあがり。

冷えた白ワインにおいしいパンでもあれば、その日は大満足。簡単でおいしいフランス版おふくろの味は、すっかり我が家の夏の定番料理になっている。

Ⅳ 本のこと、写真のこと

「おいしい本」について赤木明登さんと。
写真家の日置武晴さん、木村拓さんとは「おいしい本」の作り方について。

6 × 赤木明登さん

あかぎ・あきと
塗師。一九六二年岡山県生まれ。中央大学文学部哲学科卒業後、編集者を経て輪島塗下地職人・岡本進に弟子入り。九四年独立。著書に『美しいもの』『うつわを巡る旅』（共著）などがある。

赤木　伊藤さんのこれまでの連載を読みましたが、二回目に登場した若山さんの話が面白かった。

伊藤　ブックデザイナーの若山嘉代子さんは、私が憧れて憧れて、若山さんと一緒に仕事をしたくてこの世界に入ったといっても過言ではない方です。

赤木　女子高生だった伊藤さんが一九八七年発売の堀井和子さんの本から大きな影響を受けた。その本のデザインを手がけたのが若山さん。その若山さんが伊藤さんとの対談のなかで、八〇年代に起きた変化について話している。

当時の日本では料理本は冠婚葬祭コーナーにひっそり置かれる扱いだったけれど、ニューヨークやヨーロッパの書店では一番目立つところで売られていた。日本でもファッションやインテリアと同じように、ライフスタイルの提案として料理が捉えられるようになった転換期がその頃だという話。
実は僕も当時、スタイリストをやってたんですよ。

伊藤　え!?　編集者だったことは、うかがっていましたが。

赤木　その頃、スタイリストという職業はなくて、編集者がスタイリングもやっていた。僕は「家庭画報」の編集者で、それこそ若山さんも親交の深かった料理家の上野万梨子さんとも二度ほど仕事をさせていただきました。
同じ頃、器に対する価値観も、大きく変わった。それまでどちらかというと、器はごく一部の人が趣味で楽しむもので、誰がどこで作ったとか、技術や素材がどうとか、骨董《こっとう》的な価値観が強かった。それが、「使っているとおしゃれでかっこいい」という見方がこの頃から広がって、その後、個人の作家が活躍するようになる。僕が塗師になるため、会社を辞めて輪島に移り住んだのが八八年です。

○　ライフスタイルとしての料理と器

伊藤　若山さんデザインの上野万梨子さんの本は、それまでの料理本で目にしたことがない写真とレイアウトでした。料理を俯瞰《ふかん》で撮っていて、様々な柄や色あいの器に料理が絵画のように盛られている。とにかく美しかった。

赤木　器を選んで料理を盛りつけそれを人に振る舞うというライフスタイルが定着した時代だね。

器の話でいうと、価値観の転換についていけなかった産地の器がやぼったく感じられるようになり、九〇年代になると、いわゆる生活工芸が徐々に世に知れ渡った。器の世界だと木工の三谷龍二《みたにりゅうじ》さん、ガラスの辻和美《つじかずみ》さん、焼き物の内田鋼一《うちだこういち》さんや安藤雅信《あんどうまさのぶ》さんとかね。

伊藤　八七年当時、私は高校生だったから、毎日必要に迫られて料理するわけではなかったけれど、料理って、暮らしのなかのおしゃれみたいな感覚でした。

赤木　さて、今日はそれぞれオススメの「おいしい本」を五冊ずつ持ち寄っているんだけど、まさこさんオススメのうち二冊が八七年の本。

伊藤　本当？　気づいてなかった。

赤木　一冊は伊丹十三《いたみじゅうぞう》さんの『フランス料理を私と』。もう一冊は吉本《よしもと》ばななさんの『キッチン』。

『キッチン』は雑誌掲載が八七年で、本が八八年。

伊藤　『キッチン』の主人公みかげさんは料理家のアシスタント。世の中にそういう仕事があるんだと知ったのも、この本でした。伊丹さんの本はわりと大人になってから知りました。

赤木『フランス料理を私と』は名著です。当時の哲学や思想の、一番鮮やかに時代を象徴する人たちをきれいにピックアップして、料理を作りながら語る。

伊藤　伊丹さんがゲストの家を訪ねて、フランス料理をシェフと一緒に作るんですよね。本にはレシピや作り方も載っている。さらに料理を食べながら繰り広げられるゲストとの対談がまとめられています。

ただ料理を作るのとも違うし、ゲストと話すだけでもない。料理を作って食べるからこそできた話もあるのかなと思って。

赤木　一回目のゲストが玉村豊男《たまむらとよお》さんで、両親からどのように叱られたとか、母親とどういう関係にあったかということが食べ方に影響するという話をしている。僕自身もそういう影響を受けてると思う。

伊藤　赤木さんの育てられ方って、どういう感じだったんでしょう。

赤木　伊藤さんのお父さんはちゃぶ台をひっくり返す世代じゃないよね。

伊藤　⁇　その世代っていつですか？

赤木　七〇年代ぐらいまでかな、お父さんがご飯のときに怒ってちゃぶ台をひっくり返したのって。『巨人の星』でも星一徹がちゃぶ台をひっくり返すでしょう。ああいう経験ないですか？

伊藤　ないですよ！　赤木さんちはもしや？

赤木　父親は職人で、ものすごく厳格だったんで、ご飯を食べていたら突然怒り出してひっくり返す。

伊藤　えー、面白い。怖い。

赤木　子どもはなんでひっくり返しているのか全然わからないんだけど、いきなりこれから食べようと思ったご飯が消えてなくなる。

伊藤　お父さんだって嫌じゃないのかな。

赤木　たしかに。お腹空くよね。

伊藤　だれが片づける？

赤木　お母さんが泣きながら片づける。

伊藤　え――。

赤木　子どもたちはひもじいの。でも、そういう時代がずっとあったんだよ。

伊藤　そうなのか。知らないです。

赤木　知らないのは幸せだね。玉村さんや伊丹さんは、そういう時代に子ども時代を過ごしているから、食べ物に対する執着がものすごくて、だからダイエットをするにしても、そのやり方が極端。〝カタストロフィック〟なの。

伊藤　ダイエットといっても、糖質を摂らないとか、野菜中心にとかではなく、とにかく何も食べない。全然共感できないけれど、読んでいて面白い。

赤木　八九年くらいから栗原はるみさんや有元葉子さんが出てくる。手軽に料理を楽しむ彼女たちを、上野万梨子さんは、お料理ってそんな簡単なものじゃないのよっておっしゃりながらパリに旅立ち、伊丹さんは九七年に自殺した。

八〇年代後半から九〇年代に、重いしっかりしたものから『キッチン』の時代へ。

伊藤　高校生だった私は、『キッチン』をなんてさらさらした美しい文章なんだろうと感激しながら読みました。料理っておしゃれ、という世界から少し違った見方をするこの本が新鮮に映った記憶があります。

赤木　出てくる料理が玉子がゆと、きゅうりのサラダ。主人公の居候先のお母さんが亡くなったときに作るのがコロッケ。

伊藤　彼はテレビを見ながらじゃがいもの皮を剝き、みかげはそのじゃがいもでコロッケを作る。その他にシチュー、パイ、春雨と鳥のあえもの、揚げ出し豆腐、酢豚、キエフ……いろんな国籍の料理をふたりでワインを飲みながら食べ尽くす。

赤木　彼との関係に危機が走ったとき救済してくれるのがカツ丼。

伊藤　いわゆるおしゃれな料理ばかりではなく、ふつうの料理もたくさん出てくる。

赤木　そこが伊丹さんの世界と真逆でしょう。

伊藤　ばななさんは「ふつう」でいいと思ったのではないかな。私はその「ふつう」がむしろ洒落ている、そう思った。

赤木　僕にはそれが軽さとして映って、でも、「食う」ということ自体が魂の不安定さや死に対する儚《はかな》い不安みたいなものを支えているのは感じた。

伊藤　それは当時二十五歳くらいだった赤木さんの感想？

赤木　僕はそのときから遅れてきたおじさんだったからね。今回三十年以上ぶりに読み返して、改めてあの時代の空気感を表す作品だと思いました。当時売れた理由がよくわかる。

○『食卓の情景』から『キッチン』へ

赤木　でね、池波正太郎さんの『食卓の情景』。この本は五〇年代とか六〇年代やもっと前のことを書いてるのに、『キッチン』と同じことを言ってるの。その部分を読みあげていいですか。池波正太郎は奥さんと自分のお母さんと三人暮らしで、奥さんとお母さんがふたりで池波さんのまかないをやっている。


人間にとって、ただひとつ、はっきりとわかっていることは、

「いつか死ぬ」

という一事のみである。

あとのことは、いっさいわからない。

人は、死ぬために、

「生れてくる」

のである。

おもえば、恐ろしいことである。

この一事を、昭和の大戦に参加した者は、忘れきることができまい。

私も一週に一度は、考えてみてもはじまらぬ自分の死のことを考える。これは二十代で終戦を迎えてから、ずっとそうだ。

「よく、それで生きていられるねえ」

と、知人が私にいった。

まことにそうだ。死ぬことを考えると、だれだって気が滅入るであろう。
しかし、人間というものは実によくできている。死ぬときのことを考えていた翌朝、あたたかい飯と、熱い味噌汁と、好物の焼き海苔を口に入れた瞬間に、「生きていることの幸福」を感じるように、できているから。
このごろ、老いた母が家人にこういったそうだ。「死ぬときは、ぽっくり死にたいから、私はうんと好きなものを食べて、うんと肥って、それで心臓を圧迫しておくのよ」
朝五時、私が仕事を終えてベッドへ入らんとするとき、母は「お腹がすいてたまらなくなり……」寝床から起きだすのである。

（新潮文庫より）

これって『キッチン』に書いてあることと一緒じゃない？

伊藤　っていうか、私と一緒です。

赤木　あ、そうだよね。伊藤さんはぽっくり死にたいんだもんね。

伊藤　そうです。好きなものを食べて飲んでぽっくり死ねたら、それもいいかもと最近思ってます（笑）。

赤木　池波正太郎の文章はするする身体《からだ》に入ってくる。子ども時代のこととかたわいのないことなのに、味わい深い。封建的で男尊女卑的なところがあるから、池波正太郎をイヤだと思う女性もいるかもしれないけど、それでも読んでもらいたいな。ちゃぶ台をひっくり返すタイプだけど。

伊藤　お母さんに対する態度も酷《ひど》いですよね。

赤木　家で女を服従させるタイプ。食べたくないものや好みではない味が出てきたらひっくり返す。

伊藤　向田邦子さんのお父様もそんなタイプだったような……。

赤木　僕はその時代の人たちの生き残りだな。

伊藤　私と赤木さんは八歳違い……。

赤木　横浜と岡山の田舎町という違いもあるし。

伊藤　生まれ育った場所や環境によってずいぶん違うものですよね。

でも思い返せば、うちの父もやっぱり厳しいところはありましたよ。

赤木　ちゃぶ台が家になかったとか？

伊藤　テーブルと椅子の生活。赤木さんちにはあったの？

赤木　小学二年のときに家を建て替えるまであった。

伊藤　厳しさの質がぜんぜん違う。父は普段は何もしない人だったけれど、庭でバーベキューをするときは肉を焼いてお客様にサーブしてくれたり、ワインは、女性はついではいけないと言っていつもみんなのグラスの空き具合を気にしてくれた。
母と三姉妹の女系家族ということもあったかもしれませんね。

○『私の保存食ノート』から『聡明な女』へ

赤木　池波正太郎が生きた時代を女性側から書いたのが、佐藤雅子さん『私の保存食ノート』だね。

伊藤　私の本棚の、一番手に取りやすいところに置いている本です。きゃらぶき、梅びしお、紅生姜、鰯の醬油漬けなんていういかにも日本的なお惣菜から夏みかんのスカッシュや、ビーツの甘酢漬け、レバーペーストなんていうハイカラなものまで。こまめに手を動かして食卓を豊かにされているその様子がなんとも素敵。

赤木　佐藤さんは九州の旧家に嫁ぎ、その家に伝わる伝統的な料理の技術を厳しい姑《しゅうとめ》から叩《たた》き込まれた。

伊藤　同じことを二度聞いてはいけないという厳しいお姑さんでしたね。
でも佐藤さんのご主人は、サンドイッチ弁当を「ほんとうにおいしかった」とかほめてくれるような優しいジェントルマン。あ、でも、温め直したお味噌汁は飲まない一面もありました。

赤木　そうそう、鯛《たい》の潮汁《うしおじる》も、湯気に生臭さを感じるとお椀《わん》の蓋は開けずじまいとかね。品がいいおうちなので、ちゃぶ台をひっくり返しはしなかった。

伊藤　佐藤さんは台所という小さな世界の中の小さな気づきを記している。良妻賢母でいながらにして、とてもお茶目なところも魅力です。

ストーブの台にしている大理石の天板をエッサエッサと持ち出して、その上でタッフィーを作ったり。

赤木　次は『聡明な女は料理がうまい』。

伊藤　私が好きな本の中ではわりと異質。桐島洋子《きりしまようこ》さんはとにかく強い女。女性が仕事を持ちながら生きていくということは、大変な時代だったのだろうなぁと思うのですが、強くはっきりと言い切る感じが気持ちよい。

赤木　僕は、本を読む時、文体が重要だと思っていて、文体として血肉となるように入ってくる感じがあるかどうかが重要なんだけど、この本はそこが合わなかった。

伊藤　なるほど、波長が合わないんですね。

赤木　池波さんや佐藤さんの家庭は代々家に伝わる食事の習慣を大事にしてきたけど、男がいばって女が料理をするという形がだんだん壊れ、七〇年代になると、お父さんは子どもと一緒にスパゲティを食べるみたいな時代に変わるよね。伝統的な家庭料理がぶっ壊れて、女性が昔のように台所に立たなくなった背景があるから、『聡明な女は料理がうまい』は世に受けた。七六年刊行だね。

赤木　壊れているという意味では、もっと早い時期に、もっとすごい壊れ方をしていた人たちがいる。二冊そういう本を紹介します。

○『クラクラ日記』vs おいしくてかわいくてたのしい

赤木　まず坂口《さかぐち》三千代《みちよ》『クラクラ日記』。どうでした?

伊藤　女の人として憧れる感じかな。

赤木　三千代さん、いいよね。三千代さんは、戦後の流行作家・坂口安吾《あんご》の奥さんで、安吾が亡くなったあとに二人の関係を回想して日記風にまとめた。その語り口にはなんのためらいもなくて、なかなか書けないようなことをさらってどんどん書いている。

伊藤　ご主人はちゃぶ台系ですね。

赤木　かなり壊れているね。文士が元気だった時代、女の人が一番結婚してはいけない対象が文士だった。三千代さんは戦後の闇市のバーで安吾と出会う。

伊藤　駆け落ちみたいに一緒に住み始めちゃう。

赤木　恋に落ちる描写がすごくいいじゃない。安吾って身体が大きくて筋肉質で、三千代さんは何度も「巨《おお》きい人」って書いてる。

伊藤　巨大の巨。

赤木　それはたぶん身体だけじゃなくて精神的なものも含めてだと思う。それで、女の人が男に惚れる時はそうだと思うけど、「どっ」て恋に落ちる。その感じも好きなのよ。見習いたいなと思うくらい。

安吾は文章を書くためにヒロポンをどんどん入れて眠れなくなり、今度は眠るために酒を大量に飲み、それでも眠れないからアドルムという睡眠薬に走る。覚醒と睡眠が交互にきて、最終的には錯乱状態。

そんな安吾の悲しみやどうしようもないものを抱きかかえるような愛し方を、三千代さんはするんだ。それがすごく美しいのよ。

錯乱と錯乱の間に静かな時間があって。チャプスイという、旨煮《うまに》みたいなのをどうしても三千代に食べさせたいと安吾が言って支那ソバ屋を何軒も梯子《はしご》したり。飼っている金魚に餌を与えたりね。

伊藤　羊羹《ようかん》も出てきましたね。錯乱状態の彼が二十分以内に一本買ってこいって命令して。で、三千代さんが買って帰ったら、彼はケロリと忘れている。

赤木　とにかくめちゃくちゃ。四十八歳で安吾が亡くなると、三千代は銀座でクラクラってバーを始めた。

伊藤　だから『クラクラ日記』。

赤木　伊藤さんは安吾の妻になれそうだよ。

伊藤　いや、私は好きになるかもしれないけれど、実際付き合ったらもういやだと言って逃げ出すタイプ（笑）。

今回、赤木さんの選書、とても面白かった。自分では旅行に行かないようなところに無理矢理連れてこられて、でも意外に結構面白かったみたいな気持ちになりました。

赤木　僕はあえて伊藤まさこっぽくない本を選ぼうと思ったんですよ。

伊藤　なるほど。私の思考は「おいしい」「かわいい」「たのしい」が九〇パーセントくらい占めていますからね。

『巴里の空の下オムレツのにおいは流れる』の十三年後、一九七六年に発刊の『石井好子のヨーロッパ家庭料理』はどうですか？

ヨーロッパの家庭をめぐりながら料理を教わる。レシピ本でもありますがエッセイ本でもあって、読んでいるとまるで一緒にその家のキッチンにおじゃましているような気分になります。

赤木 石井さんはシャンソン歌手で、筆力もある。

伊藤 知りたい気持ちが原動力となって出来上がった本という気がします。だから面白い。

○ 昆虫食を食べられるかどうか

赤木 もうひとつの激しい本は橋本千代吉《はしもとちよきち》『火の車板前帖』。これはどうでしたか?

伊藤 これはめちゃくちゃだなあと思いました。『クラクラ日記』と全然似てないけれども、めちゃくちゃ具合が似ている。

赤木 同じ時代だね。戦後、草野心平《くさのしんぺい》という福島出身の流行詩人がいて、詩では飯が食えないから「火の車」という居酒屋を始めた。そこの料理人が同郷の橋本千代吉さん。東大近くの白山坂上《はくさんさかうえ》にお店を出して、夜な夜な出版社の社長や文士が集まった。

伊藤 舞台を見ているみたいな感じ。人の体温や温度が文章からガンガン伝わってくる。私の本棚にはなかったなぁ。

赤木 この時代めちゃくちゃ熱くて、お酒を飲んでみんなすごい議論をして、さいごは殴り合いの喧嘩《けんか》になる。日々乱痴気騒ぎ。議論をしててトイレに行きたくなると、空いてる一升瓶に用を足して。すると、飲んでる酒と区別がつかなくなったりね。

伊藤　色合い的にちょっといいお酒かな、とかね。

赤木　そうそう。そうした話がいっぱい出てくる。今は若い子はへべれけになることもないし、議論もしないから、こういう時代はよかったなと思う。

伊藤　赤木さんこういうの好きですよね。酔っ払って議論してうわーみたいな。

赤木　最近そういうことを誰もしなくなったからつまらない。僕は、もっと世の中をかき回したいのよ。

伊藤　十分引っかき回してると思うけどな。そろそろ次の本へ。小泉武夫《こいずみたけお》さん『猟師の肉は腐らない』。

赤木　刊行年が一番新しい本。小泉さんは東京農大の発酵学の専門家で、福島で自給自足する猟師のところに泊まりにいった時の話です。

伊藤　山の中でひとり暮らしして、狩りをし皮をはぎその肉を食べて、皮はなめして着るものに使って。山葡萄《やまぶどう》を採ってはお酢やお酒をつくり。そういうターザンみたいな人なんですよね。

赤木　父親から狩猟採集と生活技術を受け継いでいるんだけど、それがすさまじい。夏になって蝉《せみ》が鳴いていると、バットのような棍棒《こんぼう》で木をがんと叩いて蝉を気絶させる。

伊藤 それを串に刺して炭火で焼いたりとか。昆虫食。私はわりとそういうの食べられるんですよ。普段は食べないけど、必要に迫られたらできる。だけど、赤木さんはそういうところがデリケートで食べられないんですよね？

赤木 絶対無理。鳥の皮でさえ、毛のぶつぶつした感じとか想像しただけで気持ち悪くなる。

伊藤 よわっちいというか。

赤木 繊細なの。

伊藤 でも繊細なところがないと、あんな美しい器は作れないと思いますよ。

○ 国が滅びようが政治が変わろうがうまいもんを食う

赤木 さて、『御馳走帖』。内田百閒《うちだひやっけん》先生は夏目漱石《なつめそうせき》のお弟子さんで、僕はこの本も大好き。文体がひょうひょうとしてる。

僕が持っている『御馳走帖』は四六年の初版版で、ザラ紙のハリガネ綴。

戦後の日本人が飢えていた時代によくこんな本が出せたなと思う。序文が日記形式で、四五年七月から八月、終戦を迎える時期に何を食べていたかを書いている。終戦直前でもビールやウィスキーを飲んで。「飢餓道肴蔬目録」には「終戦前年夏のはじめにだんだん食べるものがなくなったのでせめて記憶の中からうまい物、食べたい物の名前だけでも探し出してみようと思いついてこの目録をつくった」とあって、延々食べ物の名前が続く。さはら刺身生姜醬油、まぐろ霜降りとろノぶつ切り、あぢ一塩、小はぜ佃煮《つくだに》、くさや、さらしくぢら……。

それだけなのに、これはすごい文学なんじゃないか。終戦直前で日本という国が滅びそうになっているのに、食い物のことしか考えていないクソおやじ。食うことは生きることだから、国が滅びようが、政治が変わろうが、俺はうまいもん食うんだと一貫している。

伊藤　今日赤木さんと一緒に松江の町を歩いたじゃないですか。食べたものの写真を撮っていたら、赤木さんに「内田百閒みたいだね」って。

私はお腹が空いた時に、その写真を見ながら、イライラするのが好きなんですよ。今これがあったらいいのに、ない、くやしい、みたいな。

ずっと食べることを考えているという意味では、私はクソおやじと同じ。文学じゃなくて写真だけど。

赤木　坂口安吾も同じ。安吾が言う堕落の「堕《お》ちる」は、身を持ち崩すという意味ではなくて、自分の生命の底にある欲望をもっと積極的に肯定しろみたいな感じだと思う。『御馳走帖』の一部、読んでいいですか。

私は酒が好きである上に、お行儀があまりよくない様に自分でも思ふ。酒席に列して杯を挙げる段になると、人の注いでくれるのが待つていられないほど、初めの内は早く飲みたいのである。多人数の西洋料理の宴会などで、お酒を持つた給仕人が中中私の所に廻つて来ないと、目の前にある御馳走も咽喉《のど》を通らぬ様な気がする。気持がいらいらして、じれつたくて、お酒を持つている給仕の方にばかり目を配つている。やつと廻つて来て注いでくれたと思ふと、忽《たちま》ちその杯を飲み乾《ほ》して、間に合ふならその序《ついで》にもう一ぱい注いで行つて貰ひたいと云ふ風な、がつがつした事をするから、傍の人が見て、中中強いと思つたり、随分行けますなあとお愛想を云つたりする。

（中公文庫より）

僕もまさにそう。

伊藤　会社勤めをすることになって、お弁当を持って行く。でも、お腹が空くとイライラしちゃうんですよね。すごくよくわかる。自分の気持ちに忠実。

赤木　僕らの共通点もそこだね。

百閒は酒もすごく飲んで、タバコもめちゃめちゃ吸った。八十二歳まで生きたけど、晩年身体の具合が悪いから病院に行かないといけないのに、病院が怖い。それで医者が家に訪ねてくると、隠れて酒を飲んでることをばらされてしまう。ばらした家族に激怒しながら、百閒は一杯やろうと医者にもちかける。そうしたくだりがいい。

伊藤　正直で素敵な人。

赤木　こういうクソおやじ的な人がいなくなってる。僕は最後のクソおやじになろうかなって思う。

伊藤　もう十年くらい前からクソおやじ宣言してますね。

赤木　伊藤まさこも結構なクソババアになりそう。

伊藤　それは最高のほめ言葉。でもババアというより私はジジイ寄り。

赤木　おじさん同士だと駆け落ちできないな。

伊藤　最近駆け落ちする人も心中する人もいないね。

○ 詩集でも写真集でもなく、料理の本

赤木 おまけで、この百科事典みたいな本は?

伊藤 タイムライフブックスの『世界の料理』です。私の現実逃避。原稿にいきづまった時に開く本が、私の場合、小説でもなく、詩集でも美しい風景の写真集でもなく、料理の本なんです。料理本が好きなんでしょうね。だからこの仕事をしている。

赤木 料理本とか売れてるじゃない。レシピを見て楽しいという感覚が僕にはさっぱりわからなくて。

伊藤 楽しいですよ。素直に、おいしそうだなとか、今度これ作ってみようかなとか。反対にプロの立場から見て、この写真の撮り方かっこいいなとか、光がいいなとか。

赤木 僕も料理は作るけど、レシピ本を見て作るような料理じゃないからね。

これから器の世界やスタイリングの世界はどうなっていくと思いますか? 伊藤さんの好きな世界になると思うんだけど。

伊藤 『まいにちつかうもの』という、私が普段の暮らしの中で使っている道具を紹介する著書が出た年と時を同じくして、「クウネル」が創刊。その「クウネル」がいったん休

刊になってリニューアルした。これってひとつの区切りなんじゃないかなって思っています。ふつうの暮らしを大切にすることが大事ってことはみんなもうわかってきた。本の世界も器の世界もこれから先、どうなるかさっぱりわからないけれど、私自身は器や道具はもうあんまり要らないんじゃないかなって思ってます。

赤木　この対談の冒頭の話に戻ると、器も料理も八〇年代九〇年代に大きな変化を迎え、その後はその模倣が続いた。もう必要ないのは、そういうスタイリーになってしまった道具だと。でもそろそろ次が欲しいよね。僕自身は、工芸が本質的に担っていた深い世界へと降りていきたいと思う。

伊藤　私はまだまだ出版の世界でしたいことが山積みですが、その気持ちがなくなったら百恵ちゃんみたいにすっぱり潔く辞めて別の仕事を始めようかなと薄ぼんやり考えています。

　スナックでもやろうかな、とか。

赤木　クラクラ。クラクラはフランス語で野雀、そばかすだらけの女の子という意味なんだって。

伊藤　スナッククラクラ。憧れます。でも、いいよいいよって、知り合いからお金とらないから儲《もう》からないだろうな。

赤木　火の車と同じだね。
伊藤　気持ちわかります。

7 × 日置武晴さん 木村 拓さん

ひおき・たけはる
写真家。一九六四年東京生まれ。婦人生活社、柴田書店の社員カメラマンを経て、フリーに。

きむら・たく
写真家。一九七〇年茨城生まれ。佐伯義勝氏に師事。九七年独立。「東京料理写真」設立。

伊藤　そもそもおふたりはスタートから料理専門の写真家だったのでしょうか。

日置　最初は婦人生活社という、今はもうないのですが、出版社の社員カメラマンでファッションとかも撮っていたけど、一生続けられないと思って。自分が興味の持てるものを撮り続けたほうが長続きするだろうと。それで料理になりました。

木村　僕は就職活動の一環でした。本当は銀行に入るという選択肢があって。

日置　銀行だったら、年金生活も楽チンそう。

木村　雨の日とかヘルメットを被って雨に濡れながら営業、みたいな感じだったんじゃないかな。

伊藤　もともと食べることが好きだったの？

木村　好きでしたね。だからヨックモックや明治製菓（現・明治）や日清食品なんかを受けてました。その時たまたま、師匠となる佐伯義勝《さえきよしかつ》先生のインタビューを読んで。「最近の若い人は続かない」「料理カメラマンは食いっぱぐれがない」「独立して三年もすれば外車（ボルボ）に乗れて和田金《わだきん》（三重県松阪市の松阪肉元祖）の牛肉が食べられる」と。それでカメラのことをほとんど知らないのに、リクルートスーツ着て押し掛けた。最終的に運良く雇ってもらえて、そこで初めて写真の勉強を始めた。当時うちのスタジオでは「和田金ボルボ」という言葉が飛び交ってました（笑）。

○「和田金ボルボ」「撮り鉄」から料理写真家に

伊藤　日置さんは確か日大藝術学部に入りたいから高校も日大をえらんだとか。
日置　うん。小学校の頃電車オタクで写真オタクに。
木村　機材はなに使ってたんですか？
日置　オリンパスのＯＭ１。
伊藤　え、小学生で⁇　そもそも電車が好きで、写真を撮りたいってどういう気持ちなんだろう。

日置　今でいう〝撮り鉄〟だよね。
伊藤　撮って見るのがうれしいとか、そういうこと？
木村　プリントのコレクションでしょうね。きっとフォーカスとかそこで学んだんだろうな。
日置　中学の写真部ではカラープリントとかね。
伊藤　木村さんはそういうのが全くないまま？
木村　映画監督になりたかったんです、大学生の時。お笑いから映画監督になるのが早道かって考えたり。そうこうするうち佐伯先生が目の前に現れた。料理も食べることも好きだったから。
伊藤　料理するのも好きだったんだ。
木村　好きですね。
伊藤　日置さんも？
日置　意外としてたよ。
木村　最近みんな中性的じゃないですか。まさこさんは男っぽくなってるかもしれないし。
伊藤　おじさん化してます。
木村　僕はおばさん化してる。料理は男も女もどっちもありで。似てる人種が集まってる気がします。
伊藤　たしかにね。でも毎日料理ばかり撮ってて、他のものを撮りたくならないの？
日置　あんまりないかな。
木村　僕もない。
伊藤　日置さんってマズイ料理家さんの料理を食べないって伝説あるよね。
木村　あるある。
日置　今は丸くなりましたよ。
伊藤　ってことは、そういう時期もあった？
日置　昔はね。
伊藤　恐ろしい……。
日置　今は「えっ」と思ってもちゃんと食べて「おいしいですね」ってニコニコしてるよ。
伊藤　人って変わるんだね。
日置　昔は平野《ひらの》レミさんの料理は「え？」と思ったけれど、最近僕はあの人が大好きだし。
木村　レミパンですね。黄色とオレンジのふたが付いてて鍋の要素が強いフライパン。ふたが自立して調味料が入れられたりする。レミさんはトータル芸術家、人を楽しませるエンターテイナー。そこから出てくる料理か。

伊藤　たしかに引き込まれる魅力あるなぁ。

○　どう撮りたいか。伝えるところから始まる

伊藤　今日はおふたりにお仕事を持ってきていただきました。まずこちら。

木村　今、鶴屋吉信本店のカタログを撮ってます。一年間京都に通わせてもらった。この仕事はスタイリングを高橋みどりさんにお願いしたいと希望を出して、やりたいようにやってます。自分で納得してできる楽しい仕事。

最初の広告の仕事はディーン&デルーカでした。その時、ひょっとしたら、広告の仕事はやり方次第で楽しい仕事に転化できるかもと思って。依頼された時、「切り抜きで撮る」ってことだったけど、ダサいから、洋書『ローズベーカリー』をみんなに見てもらって、共通認識をとった。結果いい形で撮影できました。

自分がどれくらい関われるのか。関わりが大きければ大きいほど自分のものが撮れる。自分だったらどう撮りたいかをなるべく伝えることですね。

伊藤　日置さんは広告もやってる?

日置　今はないけど、昔はデニーズのメニューを四年くらいやってた。料理の本は「こう

いうのを作ってね」って話だけど、メニューの場合、その時期に実際に何万人かが食べるものだから、記録になる。そういう意味で面白い仕事だった。

○ iPhoneの出現で様変わり

木村 最近は一般の人がiPhoneで撮って書籍を出す時代。料理を撮る人が増えてますね。

日置 今コンパクトカメラ売れてないね。iPhoneで一二〇〇万画素あるから、コンパクトのデジカメ要らないもん。iPhoneで撮った写真を調整して印刷したら一眼レフで撮ったのと違いわからないし。

伊藤 インスタグラムでいろんな人の目に触れて。

日置 昨日もレスプリ・ミタニに行ったけど、全員が料理の写真を撮るもん。

木村 うちらは職業柄撮ったり撮らなかったり。

日置 この光でこの感じだとムリかなとかね。

伊藤 わかるわかる。電気消して自然光で撮りたいとか。

木村 僕もインスタ始めてからiPhoneで撮るようになって。インスタがなかったらここまでやってない。日置さんはインスタ前もiPhoneで撮ってたし、インスタ始めたのも早いですよね。

伊藤　本当に写真を撮ることが好きなんだなと思った。仕事とはどう違うの？　撮って、食べて。仕事でもプライベートでも、人のことは言えないけど、本当に食べることが好きなんだなと思う。好きが仕事になってるね。

木村　日置さんは小学生の頃からだから……。

日置　小学校の時は毎日は撮ってないよ。電車撮るのは休みの日だったし。高校は写真部で、毎日学校にカメラを持ってって教室でよく撮った。卒業アルバムは充実してたよ。自分があまり写ってないけどね。

木村　毎日撮ってるのはiPhone出てきてからですか、それともその前から？

日置　ローブリューに関していうと、フィルムのカメラをいつも店の棚の上に置いといた。置きカメラ。

伊藤　表参道にあるバスク料理のレストラン。日置さんはフランス帰りのその足で行くくらい好きすぎるんですよね。通算何回行ったんだっけ？

日置　六百何十回。

木村　ひぇー。

伊藤　そのうちの何回か遭遇してますね。

日置　今はiPhoneでしか撮らないけどね。
木村　ほぼ毎日撮ってますか?
日置　毎日は撮らないよ。撮ってるの?
木村　撮ってますよ。毎日撮ってます。
伊藤　そうなんだ。何を? 食べ物を?
木村　いろんなもの。もちろん家族写真はフィルムで撮ることが多いけど。食べ物はフィルムでは撮らない。
日置　そうだね。
木村　自分の身近なものを毎日撮るプロなんて、フィルム時代はあまり聞いたことなかったけど、iPhoneになって増えてる気がします。

○　おいしさをどう写真で伝えるか

日置　これは細川亜衣ちゃんの一冊目の本。
木村　この本が出た時、衝撃を受けました。
日置　イタリアで食べたものを再現するから、情景を感じるような写真をって亜衣ちゃんから言われて。ざらっとした感じが出る400のフィルムで撮った。本文紙もつやのないものをえらんで。

伊藤　撮る前から本文紙も決まってたの？

日置　ある程度ね。前半に写真を入れて、レシピは途中からっていうこだわりも亜衣ちゃんにあった。

伊藤　すごく寄った写真が多いなと思った。それは「情景を感じる写真」だから？

日置　物によってはやや引きもあると思うけど。

木村　僕もこの本を見た時「寄ってる」と思った。

伊藤　お皿が写ってないのもあるもんね。

日置　寄りのほうがおいしそうな感じが伝わったりするんだよね。

木村　この本とは全然違いますけど、日置さんが寄りばかり撮ってたことがあって「寄ってますね」と言ったら、その時は「器が気に食わない」って（笑）。

日置　それはずいぶん若い時の話ね。亜衣ちゃんではそういうことはない。あとこの本の場合、あまり大きな判型にはしないで、開きやすい製本にするとか。アノニマ・スタジオはすごくていねいにやってくれる。

伊藤　今もそういう仕事の進め方？

日置　今もだよ。最初からそういうことをちゃんと話してやれる。逆に全く反対の版元もある。フォーマットも紙も予《あらかじ》め決まってたり。

木村　たいがいそうですよね。まさこさんが本を作る時は自分で指定したりしますか？

伊藤　スタッフの選出を私がやらせてもらっているので基本的にお願いした方に任せてます。自分の分野じゃないと思っているし。

日置　いろんな単行本やってると「えー」っていうの来るよね。

木村　のみ込むのに時間かかる時ありますね。このなかしましほさんの本は、表紙デザインが来た時、違うと思って。同時に、売れるかもしれないとも思った。読者の幅が広がる可能性があるかもって。結局すごく売れて、初めていろいろのみ込めた。僕が関わった本のなかでたぶん一番、周りの人が買ってくれた。料理本大賞お菓子部門も獲《と》って。あとからじわじわ「よかった」と思った一冊。

伊藤　多くの人にみとめられるってすごいことだよね。のみ込めなかったものがのみ込めるようになる。

木村　そこでしか食べていけないですからね。

日置武晴さんが
写真を担当

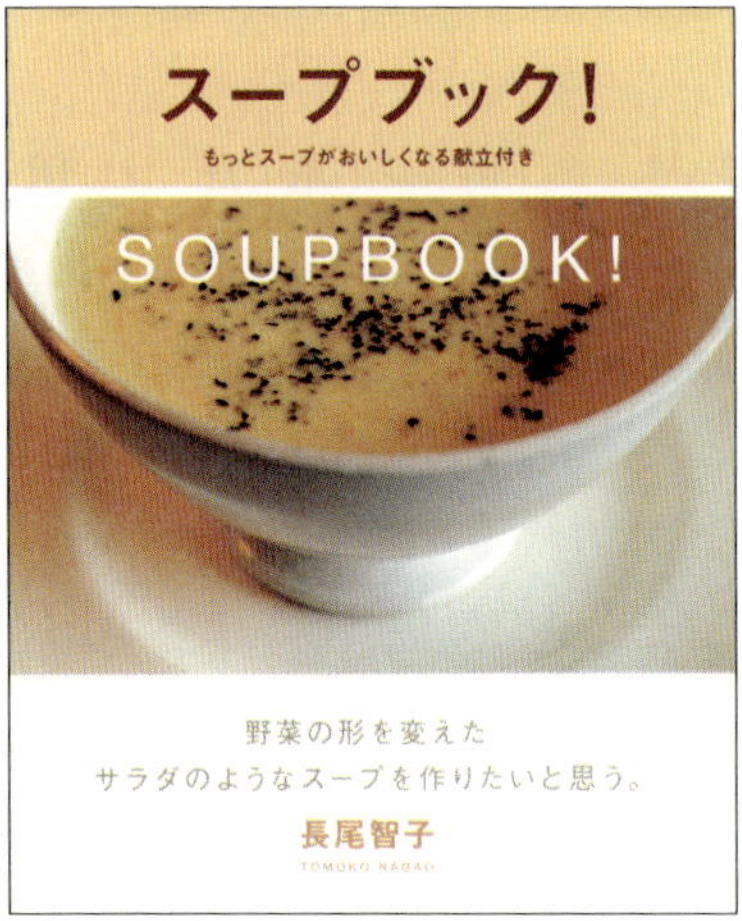

長尾智子さんの『スープブック！』（学習研究社、2004年）には料理のプロセス写真もふんだんに盛り込まれている。

ナディーヌ・ヴォジェルさんの『母から娘へ フランスのレシピ』（翻訳・千住麻里子、文化出版局、2002年）ではパリマダムの暮らしがそのまま表現されている。

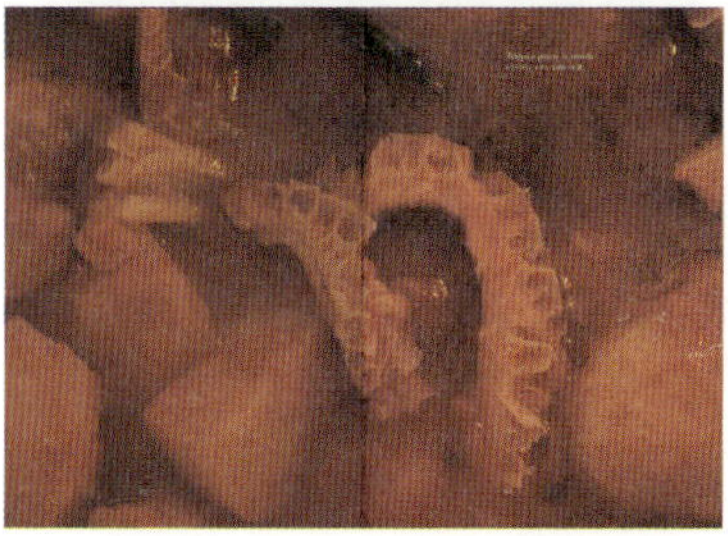

米沢（現在・細川）亜衣さんの１冊目の『イタリア料理の本』（アノニマ・スタジオ、2007年）。おいしさが伝わる寄りの写真が多い。

高山なおみさんの『今日のおかず』（アノニマ・スタジオ、2009年）。ADの有山達也さんが「シノゴだな」と即断。それでも手持ちで撮ったような写り方にこだわった。

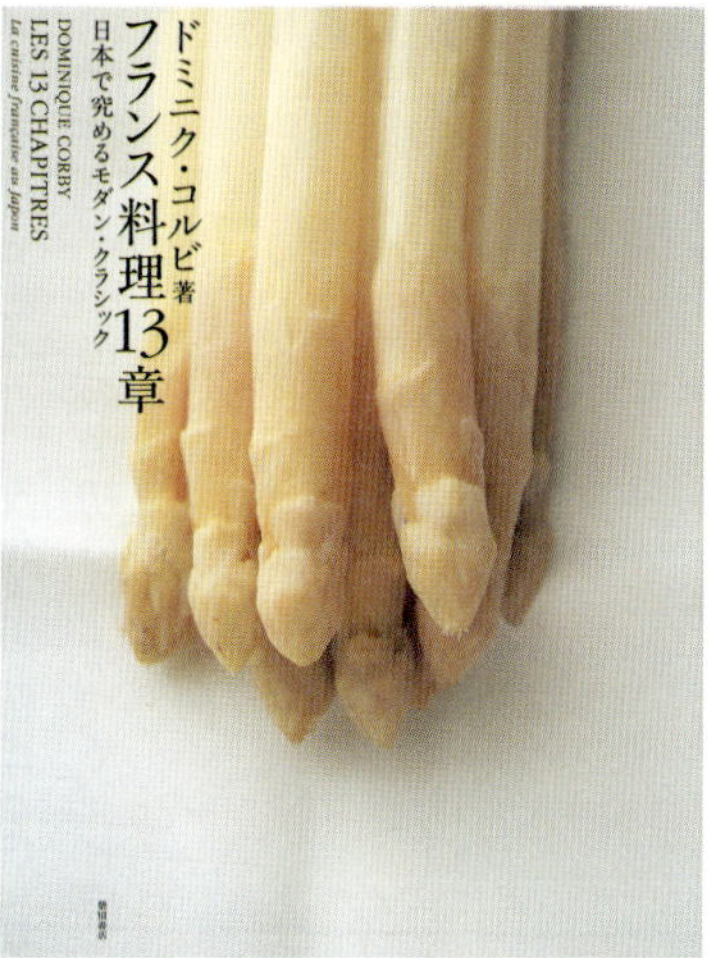

ドミニク・コルビさんの『フランス料理13章　日本で究めるモダン・クラシック』（柴田書店、2006年）はハードカバーのがっしりした、まさに教典といえるような一冊。

○ 料理の横にかすみ草が置いてあった時代

伊藤 次の本は『母から娘へ　フランスのレシピ』。

日置 これはパリ・マダムの本で、ずいぶん前に撮った。フランスの家庭料理の話を日本人がやるのは変だけど、これは、器もクロスも全部おばあちゃんのお母さんの時代から大事に使っててレシピも受け継いでる。コーディネートもおばあちゃん。嘘がないの。版元は文化出版局。

木村 僕は初めて文化で仕事をした時「よかった」と思った。文化とか柴田書店に対して憧れがあったから。その後「ミセス」とかやるけど。文化の最初の仕事って、日置さん覚えてますか？

日置 なんだったかかな。

木村 まさこさんは？

伊藤 私は『こはるのふく』という本。初めてのソーイングブック。文化には独特の「自由に作らせてくれる」って雰囲気があったね。

この本、二〇〇二年刊行だけど今でも売れそう。

日置　作り込んでないから時間が経っても古くならないのかな。
伊藤　スタイリングにも流行があるしね。
木村　日置さんの撮り方には流行がないですもん。たまに時代が映ってる撮り方ってあるじゃないですか。二〇〇〇年初頭には曲げて撮るって流行りましたし。あ、この撮り方曲がってる？
日置　曲がってないよ、表紙の写真は台所にいるおばあちゃんを覗いて撮ってるからこうなったけど。
木村　たしかに。曲がってないです。
日置　そういう撮り方している人がたまにいたけど、俺あんまり好きじゃない。
伊藤　私は時代のことはあまり考えてないけれど、時代を反映させたほうがいい場合とそうじゃない場合がある？
木村　最終的には愛されたかどうかじゃないですか。ファッションでも七〇年代、八〇年代、九〇年代が好きとか、デヴィッド・ボウイの写真はやっぱりすごいとか。
日置　昔は必ず料理の横にかすみ草があったね。
木村　セットの時代はそうでした。テーブルクロスにドレープ寄せたり。
伊藤　私はやってないよ。

木村拓さんが
写真を担当

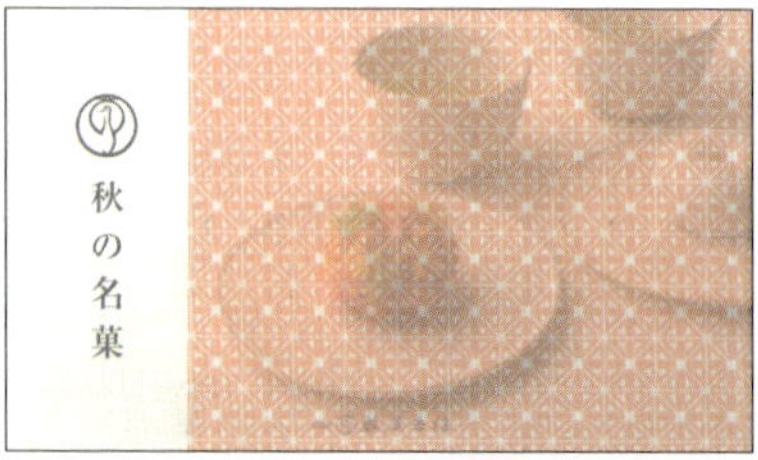

鶴屋吉信総合カタログ。スタイリングは木村さんの意向で高橋みどりさんが手がけた。

DEAN & DELUCA のポスター。初めて携わった広告の仕事。話し合いながら進めることでいい形に仕上がったのだとか。

なかしましほさんの『まいにち食べたい〝ごはんのような〞クッキーとビスケットの本』(主婦と生活社、2009 年)はクッキーが印象的な表紙。

『ケンタロウ1003レシピ』(講談社、2010年)は全380ページで索引も充実している。前半写真で後半は文字のみのレシピ集。図鑑のような撮り方が特徴。

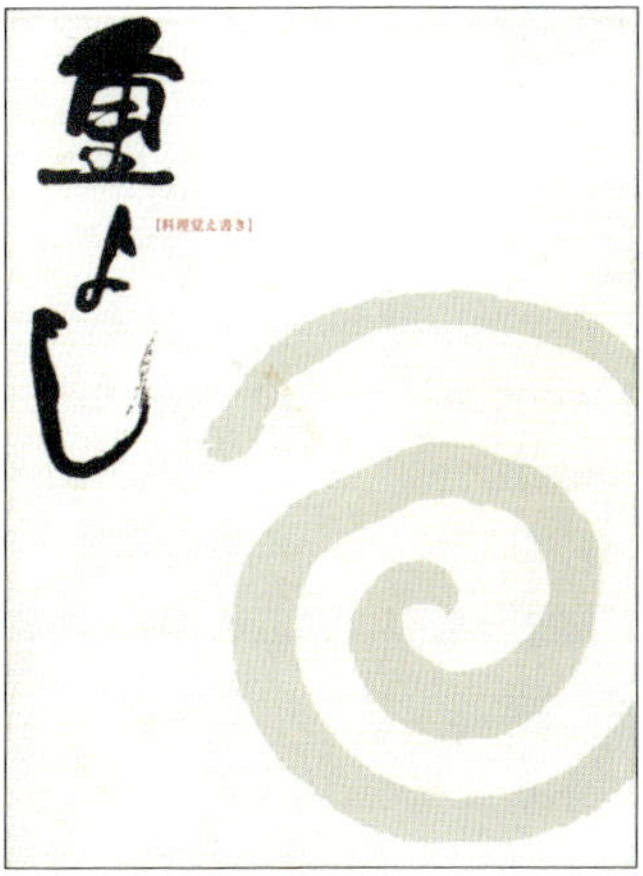

『重よし　料理覚え書き』(プレジデント社、2009年)は、1972年に佐藤憲三さんが東京・原宿に開店した「重よし」の料理を、四季を通じて紹介。

木村　そうなんですか？
伊藤　独立した時は「差し色をしてください」とか「物をもっと増やして」とか言われて「不自然じゃないかな……」ととまどったことも。あとお皿の横に布がくしゅって置いてあったり。
木村　わかる‼　やってた。
伊藤　あれなんなのかなと思った。圧力に負けてついやりそうになった時期があったけど、やっぱり違うと思ってはねのけてた。
木村　それは戦ったイメージですか。
伊藤　わりと戦った。お箸が全部違ってないとダメとか。なんだこのルール、乗らないぞと思って。
日置　お椀の蓋をかけるとかね。ワインのボトルが横に転がってたり。
伊藤　そうそうドレープを寄せた上にグラスも倒れててね。時代だ。
木村　最近は日常を大切にするみたいな、リアルを求める感じがずっと続いてて。それが定番になって久しいけど。最近思うのは、写真撮る時に気持ちちょっと上がった演出があってもいいのかなって。過剰なドレープや花の演出とは違いますよ。食べたいとか買いたいと思わせる何か。

日置　雑貨っぽく撮るのは一時期あったよね。

木村　見て楽しいとか、あっと思わせるとか。日常のなかに落ちてないものを演出するのもプロの仕事かなと思うんですよ。

伊藤　私はもっと「ふつう」でいいのになとふつふつと思っていたな。それで家にあるものを持って行ったり、料理家さんの食器棚のものをお借りしたりして。それが「いい」となって、ちょうど「クウネル」が出て時代の波に乗ったのかも。そのままこの十五年やってきたけど、みんなそれに飽きてきたってこと？

木村　リアリティだけがいいのかって感じるのかな。ほんのちょっとだけ演出してもいいような。そこには料理レシピのちょっとしたアレンジとかも含まれているかもしれない。

日置　レミさんはずっとそっちじゃない。これアリなんだみたいな料理をずっとやってる。

木村　レミさんはいつもレミさん。

伊藤　いつも話がレミさんに向く（笑）!!　愛されてる。

○　写真がなくてもおいしさは伝わるのか？

木村　こちらはケンタロウさんの『ケンタロウの１００３レシピ』。レシピの数が半端なくて三年くらいかかった。その頃彼がよく言ってたのは「料理写真は図鑑でいい」って。僕もそう思ってたから、図鑑的な撮り方をしてます。

ある時期、料理家さんたちがビジュアルでレシピを表現するということからちょっと離れた気がするんです。文章でレシピを表す本が増えた時期。

日置 亜衣ちゃんの本もそうだよね。読んでるとレシピが伝わってくる。

木村 写真を疑うムーブメントというか。イメージは撮るけど、料理は撮らない、みたいな。

日置 みどりさんも、写真はなくていいって言うほう。想像力でやればいいんだって昔から言ってる。

木村 僕が関わったのだと有元葉子先生やジョン・キョンファ先生、長尾《ながお》智子《ともこ》さんとか。最初はその方の伝記と料理レシピみたいなところから入って、ひょっとしたら料理写真は要らないかもってなった。

日置 完成品の写真が全部ついてるなんて日本だけだよね。ヨーロッパの料理本なんて十個レシピがあると写真は一枚とか。

木村 写真を撮らないほうがむしろ意識が高いという感覚ですかね。必要なことだけを書く、もしくは切り方だけに十ページ割《さ》くとか。

日置　写真がなくて、レシピでもなくて、読んで作るという。高山さんも昔からそう。
伊藤　その高山なおみさんの本がこちら『今日のおかず』。
日置　これもアノニマ。フィルムで撮った最後のほう。ADの有山達也さんが「シノゴだな」と言って。お金がかかるからシノゴだけど、各カット二枚だけ。
伊藤　シノゴというのは、四×五インチ以上のシートフィルムを使用する大判カメラですね。
木村　一枚出してOKだったら「もいっか」ってこともあるんですか？
日置　一応もう一枚もバックアップ的に現像した。
　これはレンズの焦点距離が短めのマクロのレンズを使ってシノゴで撮った。三十五《サンゴ》ミリの手持ちで撮ったような写り方になるように心がけた。
伊藤　〝三十五ミリ〟というのも、カメラのサイズ規格のことですね。
　シノゴで撮るのは、かっちりするってこと？
日置　密度だね。情報量がすごくあるから。
伊藤　でもそうじゃなく見えるよう心がけた？
日置　シノゴで三脚でがっつり撮りましたって感じはイヤだったんだよね。シノゴだけどサンゴの感覚を入れる。シノゴ感はないけど密度は濃いと。

○ フィルムからデジタルへ。決定的な大転換

木村　昔は、料理の写真は全部シノゴだから。シート一枚六〇〇円でしたっけ？

日置　四、五〇〇円。現像も四、五〇〇円だから、四枚露出変えて撮るとそれだけで二〇〇〇円。

木村　デジタルだったら基本ただ。

日置　慣れるとデジタルでいいかって思っちゃう。

木村　デジタルでいい場合もあるってことですよね。早いしわかるし安心感がある。

日置　海外出張は絶対デジタルだね。昔は百五十本とか編集の手荷物にも入れてもらって持ってった。

伊藤　途中で足りなくなって現地で買いに走ったり。

木村　プロセスはフィルムで撮れないですよ、もう。

日置　ポジで撮ったらドキドキしちゃうね。

木村　すっごい難しいです。

日置　昔はやってたけど。

木村　フィルムからデジタルに変わったのは大きかったですね。でも日置さんは変わるの遅かった。

日置　色見本つけろって言う人が少ないからよかったよ。ラボ使ってるけど。

木村　ラボは高いっすよ。

日置　でも色見本つけてって言うのは十人に一人だよ。ラボは「この明るさ」って言えばそう出てくるのに、印刷所はピシャッと来ないよね。

木村　いい色見本をつけたら、強く言えますよね。

日置　昔は「ポジに忠実に」と書いておけばよかったけど、本来ポジを見るビューアーは場所によって色が違うよね。今のキャリブレーションしたモニターで見ればほぼ一緒の色なのになぜか色見本が必要。

木村　淘汰《とうた》される時代になったら、例えば印刷所もAppleに一本化して、色見本なしとかになるといいですね。

○　捨てる神あり、拾う神あり

伊藤　さて次は。

木村　和食の本『重よし　料理覚え書き』。この手の本は季節ごと通って一年追うことが多い。もともと新聞で重《しげ》よしさんの連載を見てかみさんと昼飯を食べに行ったことがあった。そしたらカウンターで重よしさんご本人が中瓶を飲みながらソロバンを弾《はじ》いてる。あんまりいい印象ではなかったけど、その何カ月後かに依頼が来て。撮影で伺うと必ず一時間くらいミーティングをするんですよ。原宿交差点にあるコロンバンって喫茶店で「今日もよろしく」ってツケで珈琲《コーヒー》を飲む。僕にとって重よしさんは東京の大人です。江戸料理ってカテゴリーがあるかグレイだけど、あるとしたら一番面白い江戸料理をやってる人。

日置　大塚に江戸料理あるよね。

木村　なべ屋さんですね、二〇一六年に閉店したようですが。僕の江戸料理の定義は、食べられないものは中に入れない、飾らない、先進的。なべ屋さんは昔の江戸料理を研究してて、重よしさんは進化した江戸料理が着地したイメージ。

伊藤　今度行ってみます。

木村　そもそもは別の老舗割烹《かっぽう》の撮影をしてたんです。自分としてはすごいよい出来の写真を撮ってて、この仕事が世に出たら世界観が変わると思ってたところに突然編集者から電話があって、「木村くんの写真がダメと言ってる」って。いきなりクビになった。あれはつらかった。

伊藤　余計なこと言ったんじゃないの。
木村　そうなのかな。わかんない。その一部始終を見てたライターさんが「重よしさんやってみない」って声をかけてくれた。
伊藤　いろんな事件あるね。
木村　重よしさんは年末に、「豆炊けるから今晩二時に撮りに来て」とかね。
日置　木村くんは飲まないからいいよね。
伊藤　飲まないんだ。
木村　今は飲むけど、この時は飲んでなかった。
日置　飲んでて電話かかってきちゃうと……。
伊藤　無理だ……。

○　リアルか、作り込むか

日置　『スープブック！』は長尾智子さん。
伊藤　長尾さんの本が出るようになってから、料理家さんが文章もスタイリングもしているような……。

日置　これがいわゆる、木村くんがさっき言ったリアル系の走りですよ。
伊藤　十二年前だ。
木村　スタイリストさんがいないリアルさが出てますね。
伊藤　このレシピ作った。長尾さんの世界、好きだなって思ったな。料理も器も文も。
木村　料理研究家と読者の間にスタイリストさんがいるって、まさこさんはどう思いますか。
伊藤　みんながみんな長尾さんみたいにセンスのいい人ばかりじゃないから、スタイリストは必要だと思う。あと、料理も作ってスタイリングもして……となると、かぎられた時間の中でしなくてはいけないから大変。
木村　餅は餅屋じゃないけど、プロのスタイリストの必要枠ってありますよね。
伊藤　長尾さんなら高橋みどりさんが入ると、違った雰囲気になるから面白い。息が合っているんだなってふたりのお仕事見てると思います。
日置　同じ料理が同じ器で出てくる人もいるよね。その時たぶん好きな料理でおいしいからいいんじゃないってことで載せてるんだろうけど。
木村　スタイリストさんが入ってたら、それは意識的にしないですね。
伊藤　長尾さんはひとつの流れを作った人。長尾さんの料理は○○風にはおさまらなくて、つねにいつも「長尾智子風」。ずっと長尾さんは同じ立ち位置で長尾さんです。
木村　今、洋書とか見ます？
伊藤　見なくなったなぁ。
木村　ですよね。ちょっと前は「KINFOLK」かな。
日置　インスタもそういうの多いよね。
木村　松陰神社も清澄白河もポートランド化してますし。
伊藤　今のスタイリストさんも取り入れてる？
木村　一回のみ込んだ感じじゃないですかね。かつてのオーストラリアンヴォーグとかと一緒だと思う。
日置　ウォールペーパーとかあのへんね。
伊藤　私はある時から、真似しても、日本は空気感も違えば窓の外の景色も違うんだからってやめちゃった。
木村　日本はすごいですよね。アイデンティティじゃないけど。最近和菓子に行くのはそれもあります。カジキマグロのトローリングやブラックバスじゃなくて、ヘラブナ釣りだなって。平坦だけど飽きがこない。

○ シノゴと料理の相性とは

日置 これはずいぶん前の本。ドミニク・コルビさんの『フランス料理13章 日本で究めるモダン・クラシック』。

伊藤 柴田っぽい。

日置 コルビさんの脂がのってるいい時期。もちろんシノゴで、でもそんな昔じゃない。フランス人のフレンチをがっつり撮った感じ。

伊藤 ちゃんとフランス語のレシピも載ってますね。

木村 日置さんはフランス贔屓《びいき》じゃないですか。そういうのをみんなが知ってて、その流れで仕事を引き寄せてますよね。

日置 たしかにハワイに行きませんか、アメリカ行きませんかとはあんまり言われない。

木村 フレンチのシェフは日置さんに撮ってもらいたいと思ってるし、いいことだらけ。

伊藤 好きってすごいもの。

木村 「撮ってもらいたい」と「撮りたい」が合うといいものができやすい環境になりますよね。

日置　シノゴでこんな厚い本は今できないね。定価五〇〇〇円。ちょうどコルビさんがホテルニューオータニ大阪にいる頃。コルビさん優しくていいよね。

伊藤　手元に置いておきたい本だよ。この時期、日置さんは三百六十五日中三百六十日撮影してたって聞いた。

日置　それは大げさだけど、三カ月休みなかったりはした。

伊藤　すごい時代……。それにしても、きれいなホワイトアスパラ。

木村　フィルムいいですね。

日置　柴田の本はシノゴって決まってたから。

木村　料理はシノゴで撮るってところから始まったけど、シノゴと料理の相性ってそこまでよくないじゃないですか。

日置　そうかな。

木村　報道写真はシノゴで撮らないですよね。

日置　でも柴田出身のやつはシノゴでもサンゴで撮るのと同じくらいのスピードで撮るよ。

木村　だからそこはスピードがないと成立しなくて、得意な人と不得意な人が出てくる。シノゴでうまく撮れないと料理カメラマンになれなかった時代。でも今はそうじゃない。大型カメラで撮る意味って今ないですよね。

日置　ないね。

木村　広告のカメラマンは大型カメラで料理を撮るけど、なんで大型?? と思うこともある。

日置　広告はパフォーマンスが必要でしょう。大きな装置でお金かけて撮ってるように見せるのもひとつの仕事じゃん。

木村　雑誌や書籍を中心にやってると、デジタルになって相性いいと感じることもあるけど、最初はなかなか受け入れられなくて。ここ何年かでひょっとするとデジタルのほうがいいかもと変わった。

伊藤　時代は変わっていくんだね。

木村　フィルムが禁止に近いから、基本的にデジタルで撮ったものが前に出てくるわけで。こんな写真をデジタルで撮れるのか、となるとデジタルでどこまでできるかを追究しないと仕事にならない。

伊藤　形になる時はデザイナーさんとかいろんな人が関わるからね。

木村　前に「暮しの手帖」のマフィン特集でまさこさんと一緒になった。その時すごかったよね。マフィンに合う器を作家に作らせてしまった。

伊藤　当時の編集長の松浦弥太郎さんが普通のマフィンにしたくないから白と黒のスタイ

リングはどうって。それで器を焼いてもらうことにしたんだよ。

木村　マフィンを焼く間に器も焼いてもらったんですよね。バブル時代の発想。

伊藤　たしか自分のギャラの多くが器代に消えたような……。私なにしてるのかな、みたいな。でも楽しかった。

木村　普通のスタイリストさんじゃないね。

日置　スーパースタイリスト（笑）。

伊藤　変な人がひとりくらいいてもいいのかなって。

木村　物じゃなくて考え方の個性っていうか、それを光らせるのもスタイリストさんだと思います。

伊藤　思いつきで動くと赤字になるけどね（笑）。

面白かった。またやりましょうね。

思い切りのいい味

母の料理のおいしさの秘訣は、思い切りのよさなのではないかと思っている。たとえば揚げもの。油はねがこわいからと、火を弱めて及び腰で向かう私に対し、母は強火でガツリといく。素材によって二度揚げすることもあるというけれど、唐揚げもカツもメンチカツも、コロッケも、それはからりとおいしげに揚がる。

私はというと、そんな調子なものだから頼りない味になる。もちろんあまりおいしいとは言えない。

ポークソテーもしかり。塩と胡椒で下味をしっかりつけたら強火でガーッと焼く。

先日、母のこのポークソテーが無性に食べたくなり、作り方を教わった。

フライパンにバターをひき、豚肉を両面こんがりと焼いて火を通す。途中、脇目も振らず裏返して焼き加減を見ることもない。頃合いのよさを体が知っている、そんな感じだ。

豚肉は焼きあがったら皿に盛り、その後、肉汁したたるフライパンに醤油と砂糖、酒、すりおろしたにんにくを混ぜ合わせたソースを入れ強火で煮詰める。

これで出来上がり……と思いきや、フライパンに、え？　と、目を疑うほどのバターの塊を入れ、煮詰めたものをジャッと皿の上の豚肉へ。

火加減もさることながら、塩もしっかり、そして極め付けはあの量のバター。そりゃ、おいしいはずである。このにんにくの風味が利いたソースをスプーン一杯かけるだけで、ごはん半膳はいける。

おいしいものを作る時に、やれ油はねがどうのだの、バターの量が多いだの、しのごの言わない。思い切りのよさは、食べる側の胃袋にストレートに響く。

だからこそおいしいうちに早く口に運ばないと、熱々のうちに、とにかく早く。そう思う。

思い切りのよさは持って生まれた性格なのか、それとも長年の経験がものをいっているのか。きっとその両方なのだと思っている。

レモンを切ったらすぐに包丁を洗うこと

母は私が悪いことをしても少し機嫌が悪くなる程度で、頭ごなしに怒るような人ではなかった。思えば、小言を言われたり、ああしなさいこうしなさいと、自分の意見を押しつけられたこともない。

だからこその忘れられない出来事がひとつだけある。たしかあれは中学に上がったばかりの頃のことだったと思う。

「あらっ!?」台所から母のすっとんきょうな声が聞こえてきたので何かと思って覗きに行くと「あのね、レモンを切って包丁をそのままにすると錆びちゃうの。だめじゃないのっ」たいそうおかんむりである。ああ、ごめん、レモネード作ってそのままにしちゃったの。すぐに洗うから、と言うと「いいわよ、もう」ととりつくしまもない。

そそくさと自分の部屋に戻り、長いカクテル用のスプーンでコップの底のレモンをぐちゆぐちゅとつぶしながら、どうして怒っているのだろうと不思議に思った。いつもおだやかな母が包丁を洗わなかったくらいで、なんで。

何十年かして、母にその時の理由を尋ねたところ「そんなことあったかしら。たまたま機嫌が悪かっただけなんじゃないの？　でも、包丁は錆びたらいやよね」と涼しい顔。ああ、すっかり忘れていたんだ。

私はといえばあれからレモンを切ったら、いや切る前から、すぐに洗わないと、どきどきするようになったというのに。子どもの頃からしみついた習慣というのはたいしたもので、今となってはレモンに限らず、何かを切ったらすぐに包丁を洗う、というのが癖になっている。

切ったらすぐに洗い、拭いて定位置へ戻す。体が覚えたこの動作は、台所仕事をうまく回してくれる。母の不機嫌の原因はなんだったのかはわからずじまいだったけれど、じつはさりげなく感謝をしている。

カツの神様

時々訪れるとんかつ屋がある。

カツが好きだと言ったら「だったらここのを食べておかないと」と連れてきてもらった店で、以来、常連であるその人にくっついて食べに来ている。

ここで必ず頼むのはロースカツである。

サクサクに揚がった衣をかじると、ロースの脂がジュワーッと口の中に広がる。私は目をつむり、その味わいをゆっくりじっくりかみしめる。その時だけ、自分をとりまく世界がカツの中心部の薄ピンク色に変わっていくような気分になるから不思議だ。

そんなすごいカツなのに、店のご主人がちっとも「うまいの作ってるんだぜオレ」と、気取ってても偉ぶってもいないところがまたすごい。時々お客さんと談笑しながら、手元は淡々と肉を切り、叩いて、衣をつけ、淡々と揚げ、「はいっ」と最高の一皿を私に差し出してくれる。

ご主人は神様で、ここは天国なんじゃないか。

二十席ほどの店内は、いつもおじさんで埋まっている。女性客は私一人ということも少なくない。そのうちの八十パーセントくらいはどうやら常連のようで、ご主人とも皆、気心知れた風。いつも和やかな雰囲気が漂っていて、なんだかいい。

何度か行くうちに、私の顔を覚えてくれるようになった。でも、やはりまだまだ新参者。おじさんたちの年季にはかなわない。いつかあちらの世界にするりと溶け込みたい。そう思っていたら、昨日うれしいことがあった。

私が店に入っていくと、ご主人、パッと笑顔で「お疲れさま」そう言ってくれたのだ。「いらっしゃい」ではなく「お疲れさま」。なんだか一気に距離が縮まったというか、想いが成就したというか。一日経ってもまだうれしさが体の隅に残っている。

ああまたすぐに行かないと。すっかりカツの神様のとりこなのである。

もうひとつの冷蔵庫

「食材を買い込まないようにしているの。近所のスーパーがうちの冷蔵庫代わり」友だちのこの言葉になるほどなあと思った。そういえばいつかちらりと覗いた彼女の冷蔵庫の中は、まるで旅に出る前日のようにこざっぱりとしていたっけ。

冷蔵庫がいつでも片づいていたら、同じものをうっかり買ってしまうこともないだろうし、野菜室の隅っこで、しなびたきゅうりを見つけることだってなくなるだろう。

よいことはすぐに取り入れるべし。私はさっそく冷蔵庫を見渡して、明日の昼くらいまでのメニューを考え、買い物に出かけた。

さて、それから数カ月。

最初は少々億劫に感じていた毎日の買い物だったけれど、慣れてくるうちにだんだんとたのしくなってきた。なんといっても無駄がないし、ああ早くあれ食べないとと焦ることもない。その日の気分や体調に合わせて、食べたいものを決め、買い物をし、料理をする。散歩だってできちゃう。

店を訪れるのは空いている時を見計らって、たいてい午前中。かごをぶらさげながらゆっくり歩いて十分ほど。何度か行くうちに、チーズ屋さんのお姉さんと魚屋さんのおじさんと顔見知りになった。

「今日はムール貝が入ってるよ」私の顔を見るなりおじさんが教えてくれた。この前、買いそびれたことをちゃんと覚えてくれていたのだ。せっかくなのでチキンカレーをやめて、ムール貝のワイン蒸しにしよう。一緒にたこを買ってマリネも作ろう。

かくして私は大きくていつでも新鮮なものが揃っていて、かつ親切なもうひとつの冷蔵庫を手にいれた。

家の冷蔵庫は、がらりと空いていて受け入れ態勢は万全。すっかり風通しがよくなって、気持ちいいったらない。

家の基本の味

娘を産んだ時、さてどうやって子育てに向かい合っていこうかと考えた。それで出た答えは、あんまりがんばらない、だった。子どもだって一人の人間。自分の考えを押しつけたところでその通りになるとも思えないし、だいいち私自身が人の人生を左右できるようなたいそうな人間ではないからだ。でもひとつだけ、ごはんだけはちゃんと作ろう、そう決めた。

とはいってもそれまでしてきたことの延長線で、たいしたことはしていない。新鮮な素材を、きちんとした調味料を使っててていねいに作る。ただそれだけだ。

ひじきや切り干し大根の煮物、葉野菜のオイル煮、ミネストローネ……これに温かいごはんや焼きたてのパンがあれば十分。質素といえば質素だけれど、毎日の食事の基本はこれでいいんじゃないかと思う。

目や舌に派手ではない代わりに、調味料は上質なものにこだわった。その分値段に跳ね返るけれど、きちんと作られたものにはそれなりの理由がある。本当の「おいしい」を知って欲しい、そう思ったのだ。

気になる調味料は買って味見してみる。ここでピンときたら合格。そうでなかったら次からは買わない。いずれにせよまずは試してみることが大事。失敗は次の成功につながると思ってどんどん挑戦してみる。裏に書かれた原材料名も目安のひとつになるけれど、自分や家族の口に入るものだもの、自分の判断でえらびたいものだと思う。

さて、十八歳になった娘は何が好物かというとていねいにとったお出汁である。私が出汁をとっていると「ああ、いいにおい」と言って台所に覗きにやってくる。味つけする前のそれを、蕎麦《そば》猪口《ちょこ》などに注いで渡すと、うっとりとした顔立ちでこくりこくりと大切そうに飲む。

家の味の土台をわかってくれたようで、母としてはこんなにうれしいことはない。

テーブルのよそおい

ゆで卵やいくら、チーズがのったカナッペは籐のトレイへ。フルーツポンチは専用のガラスボウルに。鶏の唐揚げの持ち手の部分は切り込みを入れた白い紙でくるりと巻いておしゃれをする。母はテーブルの上をたのしげに装うのが好きな人だった。そして私はその様子を見るたびにうれしく思った。「まあちゃんちはいいなあ」友だちに羨ましがられて鼻高々にもなったものだった。

同じ料理でも盛りつけ方や、ちょっとしたしつらいでずいぶん印象が変わる。せっかくならば美しいほうがいいに決まっているから、あれこれと工夫をする。

まずは料理に合った器をえらび、きれいに盛る。皿の上が美しいとそのまわりも整えたくなる。グラス、カトラリー、テーブルクロスはもちろんのこと、花は？ 照明は？……と毎度の食事がこんな風。考えてみると私の場合、ふだんの暮らしと仕事はつながっている。

お金をかければいいということでもない。たしか鶏の唐揚げの持ち手の紙はまっ白のコピー用紙のようなものだったのでないか。それとも折り紙？　いずれにしても、それがあるのとないのとでは様子はまったく違う。要は少しの工夫と頭の働かせ方。相手を思いやる気持ち。自分がたのしいかどうかも大切だと思う。

「わー、涼しげだね」日差しがまぶしくなりつつある、ある朝、娘が目を輝かせてこう言った。ディナー皿ほどの大きさのガラスのプレートに文旦と小夏のマリネを盛ったのだ。

文旦は手で食べやすい大きさにさき、小夏は包丁で皮をむいて輪切りにする。横には母の庭で採れたミントの葉をどさっと添えた。

「小夏はこういう風に切るとかわいいんだね」

とうきうきして食べていたその様子を見て私もうれしくなった。テーブルの上の工夫を、伝えよう、伝えたいと思っていないけれど、やがて大人になって自分の台所を持った時に思い出してくれるといいなという気持ちは少々ある。

辻褄合わせの昼ごはん

前の晩に余ったものを、翌日の晩ごはんには出さない。味の方向性が同じ場合はともかくとして、その時その時の食事ごとに、密やかにテーマを決めているからである。

たとえば三日前の夜は旅帰りだったこともあり、ひじきの煮物と大根菜の炒め煮、豚と芹のしゃぶしゃぶで体が落ち着くごはんに。おとといは少々暑かったので、香菜やミントを利かせたエスニック風の和え麺。そして昨日は新玉ねぎをたっぷり入れたハンバーグ。ヴィシソワーズとコンビネーションサラダも作って洋食屋風にしてみた。

余らせないようにと作る量を調整するものの、そう毎食ピタリとは食べきれない。よって冷蔵庫にはひじきの煮物と、和え麺に入れたバイマックルー風味の鶏そぼろ、コンビネーションサラダに入れた缶詰の白アスパラが入っている。

ではそれらをどうするかというと、一人の時の昼ごはんに食べる。ここで辻褄を合わせるのだ。

プレートにまずはごはん、それからひじき、鶏そぼろには香菜をたっぷり添えて、その横にホワイトアスパラをおく。まったく味に脈略のない、見た目もちょっとあれなワンプレートの出来上がり。

でもこのごちゃっとした味を私はじつはたのしんでいる。自分で作った自分好みの味は案外相性がいいものだし、時おり、意外な味の組み合わせを発見できたりもするからだ。

さて今夜は何を作ろう。昼ごはんを終えて冷蔵庫はすっきりしている。鰯がおいしい季節になってきたから鰯のマリネとプチトマトのパスタ？　それともカレー、いやいや焼き茄子と冷や奴もいいなぁ、あれこれ迷う。買い物に行って気が変わったらそれもいい。こんな風にして数日過ごせば、きっとまたちょこちょこと何かが余る。辻褄合わせの昼ごはんは、これからも続くに違いない。

V 敬愛するあの人と

通い始めて二十年以上のオーボンヴュータン・河田勝彦さん。
読み続けて二十年以上、作家の吉本ばななさん。

8 × 河田勝彦さん

かわた・かつひこ
一九四四年生まれ。世田谷・尾山台の「オーボンヴュータン」オーナーシェフ。日本におけるフランス伝統菓子の第一人者。『古くて新しいフランス伝統菓子』など著書多数。

伊藤　通い始めて二十年以上。娘が生まれてからも変わらず河田さんのお店にはしょっちゅう寄らせていただいてます。河田さんのお菓子が大好きで。

河田　よく遊びに来てくれましたね。娘さんがね、ちょこちょこと、本当にかわいくてね。

伊藤　ある時河田さんに、「うちの娘はオーボンヴュータンのソルベが大好きなんですよ」とお話ししたら、河田さんが四歳くらいだった娘に向かって、「ここのお菓子もいいけれど、コンビニで売っている五〇円のアイスも食べてごらん」って。

　最近ふと思い出して、今や高校二年生になった娘にそのことを言ったら、娘はたしかに今でも河田さんのお菓子が大好きだけど、友達と学校帰りにおしゃべりしながら食べるファストフードもおいしいよね、と。

いろんなおいしさがあるということを、幼い娘に河田さんは伝えてくれようとしたのかなと思って、とても感謝しているんです。

河田　それぞれみなさん、「おいしい」と思う条件があると思うんですね。今のシチュエーションの中で、例えば疲れている、あるいは気が散っている、だけど集中力が必要、甘いものが欲しい、とか。またはイライラをどうしよう、とか。そんな時にコンビニのあんぱんを食べると、「あんぱんってなんておいしいのだろう」と思いませんか?

実際、世の中にはいろいろなあんぱんがありますから、いわゆるおいしいあんぱんとは何かを吟味すると、たしかに一番おいしいあんぱんというものは存在します。だけど、それとは別に、人によって、シチュエーションによって、「おいしい」は変わることがあるんですよね。

伊藤　河田さんがお店で出されるものはどれもとてもおいしい。長いこと通ってますが、ここに来れば必ずおいしいものを食べられるという安心感を、私も含めた多くのお客様が持っていることと思います。絶対裏切られないという大きな信頼感。

河田　いや、お恥ずかしい話、時々裏切ってしまうことがあるんですよ。お客様に怒られることもありますし。

伊藤　そんなこともあるのですね……。

河田　それはありますよ。一人で作っているわけではないですから。いろいろな人間が関わっていますので。一個のものを作るのにニュアンスを伝えきれないことがあるんです。すべてのものを常に一〇〇パーセントの出来に仕上げるということは本当に難しいと日々実感しながらやっています。

伊藤　ニュアンスとは、例えばどういう違いなんでしょう?

河田　いわゆる割合で出る問題ではない。そこが難しいところです。レシピなどはもちろん忠実に再現しているわけで、要は手加減ですね。これがあるからこそ面白いのですが。
　手加減ってものがおいしさの表現なんです。ですから、料理でも手加減、塩梅《あんばい》というニュアンスがすごく難しいものだから、私などもつい自分の好みの味を安定して出してくれる店にばかり足が向いてしまいます。間違いのない味を出してくれる数軒に通って数十年。他の店に挑戦する気が起きない。

○　いつ行っても安定した味

伊藤　河田さんが通ってらっしゃるということは、信頼できるシェフがいるお店ということなんでしょうね。

河田　そうです。一人でやっているところもある。四人くらいでやっているところもある。四、五人でやっているところでも、いつも安定した味を出してくれるとえらい人だなと。いつ行っても同じように味が決まっている。斉須政雄さんのコート・ドールなんて僕は大好きです。いつも安心して行きます。

斉須さんの味はいつもあの人の気持ちが、今日のあの人の気持ちが、入っている。もちろんあの方も、二十数年前に店を出した頃と今とではずいぶん違う。僕もそうですが、菓子より料理のほうがもっと違いが出る。昔は若さ、パワーがあって、今はそれが形を変えている。例えば斉須さんが出すフォアグラのテリーヌが僕は大好きだった。

伊藤　私も大好きです。

河田　昔は二センチくらいあったんです。今は一センチくらいかな。

伊藤　そうだったんですね。

斉須さんのご著書に、試食をするから普段はほとんど召し上がらないと書いてありました。

河田　あの人は、みなが昼ご飯を食べている間も食べないで、一人で黙々と掃除をしているような人ですから。

伊藤　前にちらっとコート・ドールの厨房を見せていただいたことがあるんですが、なめてもいいくらいきれいで。

河田　一日四回、五回と掃除をしていますからね。

伊藤　河田さんにもそれに通じるものを私は感じます。以前、綿あめを作るからおいでと誘ってくださったことがあって、幼い娘をだっこして見せてくださったのを覚えています。あの時目にした厨房も本当に美しかった。

○「誰に食べさせようか」気持ちで味も変わる

伊藤　さきほどの手加減の話ですが、写真家の日置武晴さんとご一緒している時に、河田さんが作るウィークエンドはなぜあんなにおいしいのかという話題になりました。

河田　ウィークエンドは空気を含めて作るお菓子です。卵も砂糖も入りますが、空気のボリュームをどこで止めるのかがポイントです。

伊藤　空気を含めれば含めるほどいいというものではないんですね。ここもやはり手加減、塩梅が大切。

河田　そうです。そこに粉を入れてバターを入れてもいいし、粉だけでもいいし。生地が出来上がることを「乳化した」と言いますが、この乳化が大事なんですよ。その時、ピカッとツヤが見える。それがタイミングなんです。これを見落とすと大変なことになる。

僕の場合だったら、だいたい八分目という泡立て方をします。八分目まで粉を柔らかく優しく混ぜすぎずに混ぜるんです。それでツヤが出てくる。めいっぱい空気を含ませると、もっと混ぜないといけない。

あとは好みです。ふわっとしたスポンジ的な柔らかさの中で、例えばレモンや焦がしバターを入れるとか。そのあたりの違いだと思います。

それから誰に食べさせてあげようか、という気持ちでも、味は変わってきます。

伊藤 修業をされていたフランスと日本とでは環境が違いますよね？ ということは、例えば今の時期だと湿度が高いとか、冬だと乾燥するとか。夏だと暑すぎるとか。そうした違いにはどのように対応するのでしょう。

河田 一番悩むところです。でも思いは変わりません。フランスにいた時に習得した「あの味はおいしいぞ」「あの味のことは絶対に忘れまい」という思いが僕の中に強くインプットされています。どんなに環境が変わって、湿気が多かろうが、雨が降ろうが暑かろうが、思いは変わらないんです。

ただ、今言われたように、材料の変化はどうしてもあります。それは技術的な、知識的なところでカバーするしか仕方がない。

伊藤　日本でお店を開いてらっしゃいますので、そうしたご事情はおありでしょうね。

河田　知識でカバーしても追いつかないことだって、実はあったりします。それがくせものです。

例えば今の時期ですと気温が高いでしょう。そうすると、卵の白身の力が弱くなるんです。

普段は火を入れればぴたっとまず卵白が止まるのですが、弱いとたれてしまう。それをどうカバーするかです。鶏さんにお願いするわけにもいきませんので、乾燥卵白というものを利用するわけです。

伊藤　乾燥卵白!?

河田　卵白を天日で乾燥させて水分を飛ばす、いわゆるドライトマトを作る感覚です。もちろんわれわれは工業的に作られたものを買いますが。乾燥卵白を添加してタンパク質を強くすると卵の力が出てくる。そうした工夫はできます。

○　五十年前にフランスで受けた衝撃

伊藤　ご著書にも書いてらっしゃいますが、初めてフランスのお菓子を食べた時の衝撃はすごかったようですね。

河田　なにしろ五十年ですからね。時代が時代です。

伊藤　五十年！　半世紀も前ですか。

河田　日本にはあの頃はまだバターが入ってきていませんでした。マーガリンしか知らなかったところに、いきなりバター。豆だってあったのはピーナツくらいで、アーモンドなんかも初めて見ました。

伊藤　見るもの食べるものすべてが新鮮でしょうね。

河田　僕はオリンピックの年にちょうど勤め始めまして。最初はフランス料理をやってました。丸の内精養軒というお店で修業をしてて、オリンピックの選手村に派遣される料理人として選抜されました。当時は洗い場と芋《いも》むきばかりです。熱い鍋がぼんぼん飛んでくる場所で、芋を潰すばかりの毎日。あまりに忙しくて手がひょう疽《そ》になって、結局退職しました。

その挫折があったものですから、僕は菓子屋になってやるぞと。最近ドラマになってましたが、天皇の料理番だった秋山徳蔵《あきやまとくぞう》さんの本を読み込む毎日でした。フランス語だから、辞書片手に必死。ソースも材料の名前もすべてフランス語で、それはそれは大変でした。

そんな思いを持ってフランスに渡ったのが最初です。着いた時はすべてのものがおいしかったです。今の子たちがフランスに行ってもそんなショックはないでしょうが、僕にとっては大きなカルチャーショックでした。

伊藤　たしかに。

河田　当時の日本のパン屋さんにはフランスパンもありませんでしたしね。何を食べても本当においしかった。その思いが、僕をつねに奮い立たせてくれています。七十歳を過ぎても、それは変わらなくて、僕は全く成長してないんです。

伊藤　前にパリの空港でばったりお会いしたことがありましたね。カフェで休んでいたら、あちらにいらっしゃるのはもしや河田さんではないかと。

河田　そうでした。十年くらい前ですね。

伊藤　その時に、一年に一度はフランスに行ってらっしゃるとおっしゃってましたが、最近は？

河田　去年は行きましたが、今年は無理ですね。来年のＧＷが終わったらみなで行こうと言ってます。

伊藤　お酒飲んでおいしいものを食べて。いい時間ですね。

河田　僕はフランスに行っても、菓子屋には足を運ばないんですよ。そういうことではなくて、もっと違う風景を見たり、違うレストランに行ったり。空気が僕にはとっても大事で。

そういうところでいろいろなものを楽しんで、自分を奮い立たせて。わずか一週間くらいを過ごすわけです。

気が小さいので、人が作る素晴らしいお菓子を見ると、自分のやっていることが大したことじゃないように思えて寂しくなるんです。

伊藤　フランスの修業時代にすごくたくさんのことを吸収されたのでしょうね。

河田　修業の九年半はフランスのあらゆる主要なお菓子屋パン屋に行きました。僕なりに勉強して知識をめいっぱい引き出しに詰め込みました。

自立して自分で店を持ってからは、その引き出しにしまった思いや知識を少しずつ表現してます。

たくさん悩んだし、恋愛もしたし。いろんなことがあって、僕なりに楽しんで。その思いを店の名前にも込めて、僕の生き方にもなっています。

伊藤　「オーボンヴュータン」は「古き良き時代」という意味ですものね。

河田　実際問題、味覚的な問題を言うと、年齢とともにぶれてくるものです。舌の感覚は年齢、環境に左右されるし、ぶれるのは仕方ない。

ただ、あの時感じたおいしさを自分の中でどう表現するか、あの時の香りをなんとか出したい。その思いは全く色あせることなく、自分の中にあります。

○　表面カリッ。中はしとっ。甘みと香りがふわっ

河田　フランス菓子をおいしくさせるにはポイントがあるんですよ。まずフランス人が一番好きなのは表面がカリッとしていること。そして中がしとっとしている。甘みと香りがふわっと出ること。このポイントを摑めば、みんなお菓子を作れます。

例えば日本はカステラ的なじゅわっとくる文化なので、それに慣れているとマカロンが苦手という人もいると思います。カヌレも同じです。カリッとして、中がとろっ。パリで食べるクロワッサンは、外側をバリバリッとさせて、中からバターの香りが漂うでしょう。鼻の奥に立ち上がるふわっが、僕は本当に好きです。

伊藤　河田さんのお菓子はまず見た目が美しくて、さっきおっしゃった食感と風味と、起承転結がひとつのお菓子の中にありますよね。見た目も宝石のようで、目にもうれしい。のどを通る時の感じもすごく好きです。

河田　お菓子でも料理でも、おいしそうと思われるかどうかは大事なことです。料理の場合、熱があるので香りがたちますが、お菓子は冷たいし、ショーウィンドウに入っていることが多い。

フランス菓子の大好きなところは、ぴしっと出来上がった形でおいしさを表現するより、それぞれおいしそうってものを見せてくれるところ。

例えばクロワッサンも、火が幽霊のように動いていますので、全部を同じ形で仕上げるには、型に入れて焼くしかない。ところが型に入れると味も変わってしまう。好きなように、伸びたいように伸ばしてあげたほうが、味はだんぜんおいしい。

客として見た時に、そういうフランスのパンや菓子が僕は好きですね。

逆にドイツやスイスのお菓子は形にこだわる。

伊藤　たしかに、ドイツ菓子などにはあまり色っぽさを感じません。

河田　フランスに行って二年足らずの時にドイツに行ったんです。帰り道、国境を越えてフランス側に戻ってきて駅で食べたサンドイッチのおいしかったこと。ああフランスだなと思いました。

逆にフランスのいい加減さが合わないという人もいますね。そういう人はスイスに移動していく。

右・素早く、そして驚くほど繊細に。 迷いのない動きで仕上げをする河田さん。　左・傍らの息子、薫さんが身に付けるのは名前入りユニフォーム。

伊藤　フランス人は機嫌に左右される人たち。みんな気まぐれさんです。

河田　フランスで一番悩んだのはそこでした。僕もルーズなところがありますけれども、フランス人が考えていることは計り知れませんでした。昨日言ったことと今日言うことが全然違う。そして自分を正当化することばかり言う。頭に来ちゃうなと。真面目《まじめ》に考えると大変です。

伊藤　だんだん「ま、いっか」となるみたいですね。お店でもわりと不機嫌でサービスする人も多いし。でも逆に日本のコンビニなどだと、子どもに対しても大人に対しても画一的なサービスで、それはそれでなんだか気持ち悪く感じることもありますね。

河田　最近のフランスのお菓子は日本を真似て、みんなきれいなんですよ。きれいなのはいいと思いますが、単一化している。それが僕は嫌ですね。

○　カヌレとの出会いで腹をくくった

河田　フランスに渡ってちょうど一年くらい経った時、胃が疲れてしまった。お金もなかったので、安いパンにチョコをはさんだものばかり食べてましたが、菓子屋が嫌になってしまい。ちょうど二十三歳くらいの時分です。

伊藤　パリにいらっしゃった頃でしょうか？

河田　ちょうどパリでは学生運動が盛んで、僕はない金はたいて地方に一人旅に繰り出しました。自転車に乗ってね。

伊藤　当時だとパリにあるお菓子と地方のお菓子とではずいぶん違ったのでしょうか。

河田　パリは繊細ですよ。どこの国も都市はそうです。今のフランスは、地方にも素晴らしいお菓子屋がたくさんありますが、あの頃はなかった。そんな中、ずっと旅して、ボルドーで葡萄狩りを経験したり。それでサンテミリオンの隣町の菓子屋にぽっと入ったらカヌレがあった。それが出会いです。

伊藤　それは印象深いですね。

河田　四十数年前のことです。あの味をどうやって作るのか。さんざん聞いても教えてもらえない。僕はその頃、そうとう悩んでいましたので、カヌレのおかげでパリの菓子屋に舞い戻ったんです。

職場でもカヌレを知っている人など、いませんでした。勤めながら、ちょいちょいボルドーのその店に通うものの、作り方は明かしてもらえなかった。

当時のフランスには組合があって、地方のお菓子のレシピを外に出せなかった。その制約がなくなってから、フランスもカヌレ流行《ばやり》になりました。

午前９時の開店に間に合わせるため、早いスタッフは朝５時頃から厨房入りする。ここでは誰もが、自分の担う役割を、迅速かつ軽やかにこなす。それでも河田さんは手を止めた一瞬の声がけを忘れない。「洗い物がたまっているよ」。だから厨房内はつねに清潔かつ整然としているのだ。宝石のようなお菓子が出来上がると、上階の売り場担当が駆け足で取りに来る。

伊藤　面白い制度ですね。カヌレ以外にもそうしたお菓子ってあったんですか。

河田　マドレーヌもそうでしたよ。あとマドレーヌショコラもそうだったとブリア＝サヴァランが書いてます。

ビスキュイドゥシュという、うすべったい煎餅《せんべい》のようなお菓子も、おじさんが一人で黙々と計り売りしてましたね。マカロンナンシーも、意地悪そうな眼鏡《めがね》をかけたおばさんが作ってました。

伊藤　まるで映画になりそうなお話。情景が浮かんできます。

○　新たに「父と息子」の場が

伊藤　今回オーボンヴュータンはリニューアルオープンしましたが、店名に「父と息子」という言葉が追加され（Au Bon Vieux Temps KAWATA Pere Fils）、店頭には生ハムやソーセージなどのシャルキュトリーも並んでいますね。どれもとてもおいそうで、先ほど思わずいろいろ買い込んでしまいました。

息子さんがバスクで修業されたと伺《うかが》いましたが。

河田　二番目の息子が料理をやってましてパリ5区にあるジル・ヴェロに一年ほどいたの

ですが、その後バスクのルイ・オピタルに移り、生ハムやソーセージの加工をやりまして。そこからですね。

伊藤　一番上の息子さんがお菓子をやってらっしゃって。息子さんたちはお父さんの仕事ぶりをずっとご覧になっていて同じ道を選んだんですね。

河田　あまり歓迎はしませんでしたけどね。ただ、僕自身、好きなことをやってここまできました。長男も大学院に通っていたのにいつのまにかこちらの世界に来て。

いざ一緒にやると、兄弟でも親子でも難しいものです。見えないところも見えるし。摩擦も少しはあります。互いに越えてはいけない一線をわきまえないと、親子も兄弟も乗り越えられません。

伊藤　普段はお料理されるんですか。

河田　女房に任せっきりです。以前は女房も店に出てましたが、リタイアしましたので、毎晩みなで食卓を囲むのが楽しみです。

僕の口の中、そして頭の中には、何十年も前に経験したバターの香りや脂がふわっとくる感触が未《いま》だに鮮明に存在しています。それが原動力となって、今も僕を動かしています。

伊藤　河田さんのその原動力は、河田さんのお菓子を食べている私にも伝わってきます。それは他のお客様も同じだと思う。一口食べると幸せな気持ちになりますが、それと同時

オーボンヴュータン

東京都世田谷区等々力2-1-3
午前9時～午後6時
定休日：火曜、水曜

クラシックな店内には、何十種類も の生菓子や焼き菓子が並ぶほか、チョコレートやコンフィチュールも充実。また、本場さながらのシャルキュトリーも楽しめる。店の一角の喫茶スペースでは鶏の煮込みなどのランチをいただくことも。

AU BON VI

に背筋がぴんと伸びるような、そんな気持ちにもなるんです。
二十代の頃に憧れて通い始めたオーボンヴュータン。やがて娘が生まれて、幼い娘と一緒に。もう数年したら、河田さんの息子さんが作るシャルキュトリーで一緒にワインが飲めるかも⁉　こんな風に、ずっとお付き合いのできるお店があるのはとてもうれしいことです。

河田　また遊びに来てください。

吉本ばななさんに
ビビンパを
食べてもらおう！

ビビンパと一緒に牛筋と大根のスープを。牛筋は前日に煮込み、一晩おき、脂を取って漉したスープで大根を煮る。一度冷ますと大根に味がしっかり入る。

準備したのは、炒めた牛肉、干しゴーヤ、モヤシ、きゅうり、ほうれん草のナムル、葉物のサラダ、キムチ。茶、緑、黄、赤……彩り美しく。

食器えらびも楽しい時間。
一枚ずつていねいにリネンで包んで出発。

ビビンパの具は野田琺瑯《ほうろう》のホワイトシリーズに。スープは軽いアルミの打ち出し鍋に入れて隙間のないようカゴに詰める。用意したお米は5合。ばななさん宅に着いてから炊くように研《と》いで準備。6名分のビビンパとスープが3つのカゴにスッキリ収まった。

9 × 吉本ばななさん

よしもと・ばなな
一九六四年東京都生まれ。日本大学藝術学部文芸学科卒業。八七年小説「キッチン」で第6回海燕新人文学賞を受賞しデビュー。著作は三十カ国以上で翻訳出版されている。noteにてメルマガ「どくだみちゃんとふしばな」を配信中。

伊藤　『キッチン』が出た時、私は高校生でした。読んでいるとさらさらした気持ちになって、これはなんだろうとびっくりしたんです。主人公のみかげさんは、料理研究家のアシスタントでしたよね。料理研究家という仕事を知ったのも、この小説でした。今でも読むと気持ちがさらさらになります。

吉本　私は伊藤さんの『母のレシピノートから』がすごく好きです。何度も読み返して、いろんな人にプレゼントしました。

伊藤　うれしいです。本が出た時には元気だった父も七年前に亡くなりました。

吉本　昭和の思い出がぎゅーっと入っている。

伊藤　食いしん坊一家の話です。
吉本　食いしん坊がちゃんとおいしいものを作れるようになっていけばいいのだけれど、私みたいに食いしん坊なだけ、というのは生産的じゃない（笑）。今日のことはカレンダーに書いて楽しみにしてて。朝ごはんを抜いて来ました。
伊藤　え？　朝ごはん召し上がってないんですか。
吉本　はい、このために。
伊藤　今日はせっかくなのでお昼ごはんを食べながらおしゃべりしたいと思い、ビビンパを作ってきました。準備します。
吉本　どんぶりかわいい。スープもおいしそう。どうしよう、興奮！　いただきます！
伊藤　ビビンパは、肉以外に干しゴーヤ、モヤシ、きゅうり、ほうれん草のナムルを入れました。
吉本　すごい、すごいわ。やっぱりビビンパは混ぜ混ぜするのかしら。混ぜる前にひとつずつ食べてみよう。こちらまで運んでくるの大変だったでしょう。
伊藤　料理は気分転換になるので楽しみながら作りました。お忙しい時、お弁当差し入れします。
吉本　嬉しくて泣いちゃう。うーん、おいしい。ビビンパ絶妙です。

伊藤　よかったー。緊張してて、おいしくできているか、自分では味がよくわからない。
吉本　すごくおいしいですよ。この味つけは？
伊藤　きゅうりは薄くスライスしてごま油でさっと炒め、醬油と酒、酢を少し入れて味つけしました。かりっとしているとか、しっとりしているとか、酸っぱいとか辛いとか、ひとつのビビンパにいろいろな歯ごたえや味の要素のナムルが入っているとおいしいかなと思いまして……。でも基本的に味つけはごま油と塩なんです。
吉本　でも何かが違う。おいしい。キムチは市販？
伊藤　市販です。成城石井のキムチ。
吉本　それだったら、私もすごく頑張ればできるかなぁ。スープの大根、おいしい。
伊藤　頑張らなくてもできます！
　スープは昨日、肉だけ煮ておきました。一晩冷たいところに置いておくと上のほうに脂が固まるのでそれを取り除いてから漉《こ》して……その澄んだスープで大根を煮ます。
吉本　ひと手間かかってる。全部一緒に煮るのじゃダメなのね！　でもいいや、自分では作れない。
伊藤　多少、面倒なのですが、このひと手間でおいしくなるならば、と思うと頑張れます。大根に火が通ったら塩をして一度冷ますと味がきちんと大根に入るんです。

いつも、どうしたらおいしくできるかなとか、そういうことばかり考えています。
吉本　素晴らしい。考え続けてください。
伊藤　暇なのかも。
吉本　いやいやそんなことないでしょう。
伊藤　料理は原稿書きの現実逃避なのかもしれません。
吉本　食べるものを作ってくれたらゴーストライターやりますよ、なんて。
伊藤　本当ですか⁇
吉本　やってあげたいくらいです（笑）。
伊藤　「最近、文章いいよね」なんて言われたりして。まさかの料理とゴーストの引き換え。
吉本　通貨の交換、みたいなね。
伊藤　私の本、評判になってしまうなぁ。
吉本　伊藤さんの文章、素晴らしいと思いますよ。わかりやすいし、すごく伝わってくるし。『家事のニホヘト』『台所のニホヘト』も、つらいなと思った時に読みます。
伊藤　うれしい。
吉本　なんでかはわからないけれど、元気になります。ちょっと家事やろうかな、という気持ちも。

伊藤　私もばななさんの小説で元気になります。

吉本　よかった。そしたら私は料理を作るのはやめて、書くことだけにしよう（笑）。

○　愛情をかけたものはおいしい

伊藤　ばななさんの小説にはおいしいものがいっぱい出てくるので、食いしん坊に違いないと思ってました。『ごはんのことばかり100話とちょっと』のエッセイも年に一回は読み返しています。

吉本　その本の台湾語版の帯には「宇宙と食」みたいな漢字が書いてあって。子どもから「ママ、宇宙一の食いしん坊だよ、地球じゃないんだよ」って言われた。

伊藤　地球規模ではなく宇宙規模……。

吉本　あーおいしかった。ご馳走様でした。

伊藤　ナムルが少し残ったので、おいて帰りますね。

吉本　うわーどうしよう。うれしい。今日は夕ごはん作らない。うちは一汁一菜ですから。

伊藤　どういうものを作られるんですか。

吉本　本当に一汁一菜。謙遜《けんそん》とかではないんです。汁物とご飯と何かみたいな。

伊藤　ばななさんってすごくいいなと思うのが、これ絶対食べちゃダメっていうのがないですよね。

吉本　基本ないですね。

伊藤　添加物とか気をつけてらっしゃるとは思いますが、ぎちぎちな感じじゃない。こんなお母さんに育てられたら、チビちゃん絶対いい子ですね。

吉本　うーん。悪い人間ではないかな。

伊藤　有元葉子先生も「ごはんさえ作っておけばいい子に育つわよ」とおっしゃってました。

吉本　「これクミン入ってる?」とか言う、いやらしいデカちゃんになりましたよ。

伊藤　そうですか。クミンがわかる男子。

吉本　「今晩ママのごはんか。外に食べに行きたいんだけど」とか言うし。「今日はうちだよ」って言うと、「ほーっ」とため息をつく。

伊藤　家を出て初めてわかるママのごはんの大切さですね。

吉本　ほんとほんと。

と。

○イメージする力、着地点はどこか

伊藤　うちの娘はお白湯が好きなんです。お湯が冷めたものは、ふつうの水と温度は一緒でも味が違う。たしかに鉄瓶で沸かしていろんなものが抜けた水とふつうの水は違うなぁと。

料理も同じで、少し手間をかけただけで味わいはずいぶん変わってくる。見た目にはそう変わらなくても、食べた人への心の届き方が違うような。

ばななさんの小説やエッセイを読むと、そういうところを大切になさっているのではという気がすごくするんです。こんなこと言うのは恥ずかしいのですが、おいしいごはんって愛ですよね。

吉本　うん、そうだと思う。

何の訓練かはわからないんですけど、ある種の訓練のようなものを積んでいると、見ればわかってしまうことってありますね。そのお店が、例えば税金対策で作られているのか、シェフはどれくらいの年齢で、どういう人生だったかって。私よく旅館の料理長がデブかヤセかを当てる。

伊藤　それはどういうところで？

吉本　油の使い方とか。

伊藤　なるほどー。そんなこと考えたことなかった。

吉本　意外に当たるので面白いですよ。

伊藤　やっぱり油の量に比例しますか？

吉本　組み合わせに、欲望の度合いが感じられます。

伊藤　欲望の度合い！　確かに、よい加減で出されるシェフとか料理人さんにはやっぱり愛を感じます。人間的な、愛。

　おいしいってなんでしょうね。

吉本　難しい問題だけど、自分のなかでは答えが出ているような気がしています。結局作る人の雰囲気とかも一緒に食べている。人柄と、あとイメージする力。伊藤さんはイメージする力が強い。結局それがほとんどすべてじゃないかな。

伊藤　確かに、一口食べて、どうしたいのかなと不思議に思う味ってある。何も考えてない料理はそういう味。

吉本　着地点が見えてない味になる。作る人が強くイメージを持つと、茹で加減も色も変わってくる。それがないと始まらない。

伊藤　私は料理のスタイリストなので、見た目の美しさもとても重要。ほうれん草の茎も、ピンクっぽい根元のところが入っているほうがいいな、とか。ほうれん草をゆがく際に茎をがんって包丁で落とす人を見て、「あーそこがおいしいし、かわいいのに」と思ったり。思考のほとんどが食べることで埋まっている。それもどうなのかな、とたまに思います。

○　痩せる気ゼロの手で握ったおにぎり

吉本　一緒に旅行してて食べない人がいると、すごく切ない！　晩ごはんなくていいよとか、駅ビルでいいじゃんとか言われるとしょんぼり。
そういう人とは結婚できないし付き合えないな。
それくらいのレベルで、自分のなかに食があるというのは、なんとなく自分でも思います。
伊藤　友達にもなりづらいですね。ばななさんとは、好きな食べものの嗜好《しこう》ラインが似ているなって。
吉本　だから惹《ひ》きつけられるのかな。
伊藤　飯島奈美《いいじまなみ》さんのあの手で握るおにぎりは本当においしいですよね。何かが出てるのかな。一回手を触らせてもらったことがあるほど。

吉本　すごくいい手ですよね。痩せる気ゼロのふくよかな手。ゼロだって飯島さん言ってましたし。

伊藤　私もゼロです。

吉本　私もゼロ。おいしいものがあったら食べる。

伊藤　音楽聴かない人や映画を観ない人はいるけれど、食べない人はいない。食は、百人いたら百通りの考えがあるんだろうなと思うんです。それが興味深い。元気がない時でも温かいスープを飲むとゆるゆるとなるし。おいしいものを食べている時、みんなすごく幸せそうな顔をしている。

　小さい頃にスケート場で食べたカップヌードルがうそーっていうくらいおいしかった。

吉本　あれはほんとによくできてますよね、味のバランスが。

伊藤　寒いなか、ちょっと疲れて、あったかい。「これでいいか」って急いだ気持ちで食べるカップヌードルと、同じ成分で同じ味なのに、おいしさが違う。

吉本　その時のバランス。

伊藤　あと一緒に食べる人も。

吉本　大きいですね。ヨーロッパ帰りの「うどんですかい」もおいしいな。

○ 商店街の惣菜に育まれた

伊藤 お母様が凝ったお弁当をお作りになっていたというのも読みました。

吉本 母はすごかったですけど、そんな時間は短くて。だいたい父のすごい弁当でした。カップヌードルが包んであるとか。独創的。

伊藤 なかなかできないです。

吉本 仕方なかったんでしょうね。母はミリ単位で弁当箱の中に仕切りを作って。ここまでしなくてもって感じでした。

伊藤 うれしい気持ちはそんなにない？

吉本 恐怖でしたね。

伊藤 そうなんですね。

吉本 あまりに厳密すぎて。作りながら怒ってるから。怖くて近寄らない。

伊藤 お料理はあまり好きではない。

吉本 好きとかなんとかではなくて、いつも怒っていた。たぶん好きじゃなかったんじゃないですかね。だから料理ってものにあまりいい印象がなくて。私と姉はどうしてこんなふうになったのかわからないんですよ。

伊藤　お姉様の料理、どういう味ですか。

吉本　あとを引く味。味つけが上手。特においしいものを食べて育ってないのに。だからなのか。

伊藤　そんなことないと思いますが、確かにハルノ宵子《よいこ》さんのお料理、ばななさんのご本で拝見したことがありますが、ものすごくおいしそうでした。

吉本　父が買ってきた惣菜がおいしかったんですよね。私たちは谷中銀座に育《はぐく》まれた。だって父のお料理、すごかったです。ほうれん草一把《わ》買ってきて、ほうれん草のお味噌汁、ほうれん草のオムレツ、ほうれん草の炒め。ガーンみたいな。

センスなかった、そういう意味では。姉にはあるんです。

伊藤　料理は運動神経みたいなものもあるのかなと思うんですけど。

吉本　あー確かに、そういう意味では姉にはあります、運動神経。

伊藤　どうしても跳び箱を跳べない人と跳べる人の違いというか。

吉本　あるある。あります。

伊藤　ばななさんはいかがですか。

吉本　私は本当に料理はダメです。ヒドイですよ。でもほら、材料とか調味料がいいから、何もしなければなんとかなる。最近家の近所のカルディが移転してショックだったな。これから、スパイスとかチーズとかどうすんのって。

伊藤　お仕事の修羅場ってありますか？　そういう時はどうされていますか？

吉本　あんまりないけど、自宅が修羅場かな。動物が多くて。ほんとに大変なんですよ。犬犬猫猫。ほんとにお魚をくわえたドラ猫が家の中を走り回っていて。茹でているものとかもバーッと取って犬のほうに投げたりして。すごい連携。うちはだから、作ったものをテーブルに載せておくことができないんですよ。誰かが見張るか、守っておかないと。あんな環境でよく自炊してるなと思います。

伊藤　おー!!　それはすごいです。

調味料をあれこれ試すのはお好きですか。

吉本　うちで食べるものに関してはそうでもないかな。お味噌汁の出汁もろくにとらないですよ。茅乃舎《かやのや》の出汁のみ！　みたいな。家事は向いてないからやらないっていう、簡単な結論に至った。「向いてない。やらない。それでいい」。晩ごはんを作るのは気分転換になって好きなんですけど。

伊藤　お酒も召し上がりますね。

吉本　今はもうそうは飲まないんです。でもお酒的なものを何も飲まないで晩ごはんを食べるのは難しいかもしれません。

伊藤　じゃあ、何かしら一緒に。ワイン、日本酒。

吉本　その日のごはんに合わせて考えようかなと。最近、ふるさと納税で尋常ならぬ量の鯖が送られてきて、すごくおいしいので、最近は鯖を焼くことが多い。

○　捨てること、食べること、生きること

吉本　伊藤さんは断捨離的なことに関してはどうですか？

伊藤　いつもしてます。洋服も一年に三回くらいは着なくなったものをみんなにあげてます。どんな感じですか？

吉本　もう泣きたいですよ。面倒くさくなっちゃうんですよ。だって植木とか枯れて、どうするんですか！　ノコギリで切るんですかね。あーと思ってやめちゃうんです。

伊藤　確かに植木、どうするんでしょう。

吉本　最近ブラーバが壊れるという、すごく悲しい事件もありまして。

伊藤　ブラーバ？

吉本　拭き掃除してくれるロボット。ルンバじゃなくて、クイックルワイパーみたいなの

が付いててシャーシャーって。

伊藤　知らなかった!!

吉本　出てるんですよ。忙しいお母さんの必需品。二年くらい使って。あれだけこき使ってしまって、元はとったとは思うけど切ない……。

伊藤　きれいになるのでしょうか?

吉本　ある程度なります。うちは犬が二匹、猫が二匹で毛がすごいから、それだけでもやってもらえると助かる。

伊藤　犬二匹、猫二匹……。

吉本　農場ですよ、農場。買い換えるしかなくて、バッテリーは取り出したけど、本体は粗大ゴミ、それとも不燃ゴミ?　それまで仲良くしてたのに捨てていいの?　供養はすべき?　とか考えたらすごくつらくって。面倒くさがりですね。今、旬の悩みです。頑張って自分で捨てるか、エコ侍を呼ぶか。

伊藤　エコ侍?　なんですか、それ。

吉本　不要なものを何でもかんでも持っていってくれる素晴らしい人たち。

伊藤　メモしとこう。エコ侍。

吉本　首がとれた太陽の塔とかも持ってってくれる。いい喩《たと》えでしょう。捨てるのが面倒くさいのが伝わるでしょう（笑）。
伊藤　面倒くさいことありますね。面倒くさい人はどうですか。
吉本　付き合わないかもしれないですね。いろいろ悩んで、どうしようかなと思うけれど。
伊藤　普段だったら避けるけど、子どもがいると避けられないとか。つらいなって、子どもが小さい時は思ってましたけど、最近はもういいやって。
吉本　あるある。
伊藤　子どもはいろんなことを教えてくれたなと思います。なんでも自分のペースにはならないんだ……とか、子どもを産んで思い知ったことはいろいろ。でも最近は娘から「なるほど」と教わることも多いんです。
　先日、娘と京都に行ったのですが、そのときわりと雑……というか、大らかな居酒屋に入ったんですね。冷やしトマトを頼んだら、櫛形《くしがた》に切ったトマトがバンッと出てきたんです。ちょうどホテルの朝食ですごくおいしいトマトを食べた日のことだったので、味が全然違うね、このトマト味気ないねと言ったら「ママ、ここはそういうお店じゃないでしょう？　こういう雑多な雰囲気ごと味わう場所でしょう」と。
吉本　厳しいー。
伊藤　本当におっしゃる通りって思いました。その娘が最近、○○弁当でバイトを始めたんですよ。
吉本　「噂眞」があったら一行情報に載りそう。
伊藤　どうしてそこにしたの？　って聞いたら、家から歩いて行けるし、コンビニだとうっかりやめた時に行きにくくなるからって。ゆえの◯◯弁当。
吉本　いろんな疑問の声を発したりしない？
伊藤　添加物とか使ってないよって言ってました。私も今まで入ったことなかったので、偵察に行ったのですが、システマチックでよく考えてる。
吉本　いつも買ってたって言われたらびっくりします。もやもやする（笑）。
伊藤　私は一度きりでいいやと思いましたが、仕事帰りの忙しいお母さんが利用するってアリだと思ったり。新しい扉が開きました。

○　一生モノの鍋など、ない

吉本　私、子どもを産んだ時に歩けなくなって。三カ月間くらいだったかな、その時お弁当やお惣菜を買ってきてもらったんだけど。ほんとに、あの濃い味つけがイヤになってしまって。お弁当的な独特の味つけ。それで這《は》って自分でブロッコリー茹でましたよ。茹でただけなのに、なんておいしいのかって思いました。最近は重い鍋をどうしたらいいかっていう問題もあります。

伊藤　ル・クルーゼとかですか。

吉本　ル・クルーゼとかストウブとか、腰が痛い時につらくて。そしてこれから年をとって使うのだろうかという。

伊藤　確かに。うちの母が何十年も使い込んだル・クルーゼを譲ってくれました。重いからって。

吉本　気持ちわかる。

伊藤　一生モノとかってものではないんだなって。もらえてうれしかったけど、いろいろ考えちゃいました。

吉本　うちの猫、あの蓋、開けるんですよ。一番でっかい丸タイプ。中から大事な肉だけがなくなっている。猫が抜いたあとの残りカスを家族で食べる。

伊藤　食いしん坊の遺伝だ。

吉本　だからレンジに入れておくんです。レンジは今、収納庫。でも、重いものに重い汁が入ったものをレンジに入れるのがつらいほど。

伊藤　私が今日スープを入れてきたのはアルミの打ち出しの鍋で軽いです。

吉本　そういうものに徐々に替えていこうかな。
伊藤　調理道具とかのお買い物は好きですか。
吉本　そこそこはしますけど、ポテトを潰すのとかは、ないですね。
伊藤　そういうのはだいたいなくてだいじょうぶ。
吉本　考えてみたら、なくて生きてこれた。私はとにかく雑なんです。いろんなことがほんとに雑なの。
伊藤　そんなふうに見えないです。
吉本　旅行の時の荷物とか、みんな見ると驚きますよ。ただ詰めただけ。畳んでないし。みんな入れちゃえって。
伊藤　あっち行ったら片付けようと思って、そのまま帰ってきちゃったりというのは、私もあります。
　でもばななさんの小説はとっても繊細です。
吉本　まあ、小説は、まぁまぁ。でもとにかくいろんなことが雑で、でもなんとかなってるから、まぁいいやと。
伊藤　でも絶対雑じゃないです!!　だって、いろいろいつも気づかれてますもん。
吉本　気づくのだけは気づくんです。気づくのと行動するのは別なんですよ。

魚焼き器は買ってよかったです。家電はだいたい失敗してるんですけど、魚焼き器とコールドプレスジュースを作るやつは買ってよかった。

伊藤　魚うまく焼けますか？

吉本　ひっくり返したりするのあんまりうまくないけど、魚焼き器は黙っておいとけば、上下から焼けてくる。あれはすごい。西京焼もうまく焼けるし。

伊藤　欲しくなってきました。

吉本　伊藤さんはなくてもだいじょうぶです。

伊藤　私は最近パンを焼くトースター、バルミューダを。

吉本　私も欲しいと思った！　焼き方がいろいろ選べるのね。

伊藤　仕事のギャラ代わりにいただいたんです。場所をとるし、私もあまり家電を買わないんですけど、これはいただいてすごくよかったなと思いました。コールドプレスのほうは？

吉本　前はバーミックスでジャーッて作ってたんですけど、「ママのジュース飲むくらいなら死んだほうがましだ」っていう意見を聞いて。

伊藤　ますますチビちゃんに会ってみたい。

吉本　コールドプレスにしたらよく飲んでくれるようになりました。

伊藤　どんなジュースなんですか。「死んだほうがまし」なジュースの中身とは。
吉本　ありとあらゆるものを混ぜた呪われたジュース。色がわるーくて。繊維もどろどろ入ってるからイヤだったみたい。
伊藤　ほうれん草とかりんごとか。
吉本　子どもって恐ろしいですね。鍋でご飯を炊いてたら、冷たいご飯をチンして食べるより、炊飯器のほうがいいって。
伊藤　保温機能ですね。なるほどなるほど。
吉本　はっきりした意見をお持ちのようで。買えって言われて買いました。
伊藤　私も娘の意見は参考にしています。特に着るもの。「これどうかな」って言うと、「それないね」って。「ママ、ラインがムーミン谷の人になってるよ」とか言います。ありがたい存在です。
吉本　私もそう思って家電を使い続けます。

○　なぜ外にごはんを食べに行くのか

伊藤　チビちゃんは感じとる力がとても強そう。

吉本　食に関しては特にそうですね。ダメなお店に入ってしまった時とか。

伊藤　敏感に感じとる。

吉本　有名なスープカレーの店で食べて、店を出た瞬間「いやあ、つらかったね」って。私もつらかったから、「あんたも?!」と。

伊藤　子どもも大人も、全部同じに対応する店は、マニュアルなんでしょうけど、なんか違うなぁと思います。でもだからといって、いちいち何産で誰が作ってとか説明されると、お願いだから食べさせてって気持ちになるし。サービスもバランスですね。

吉本　バランスと、最後は人柄。言葉にするのはすごく難しいんですよね。

博多《はかた》華丸《はなまる》さんの『食べずに終われんばい！』という福岡のグルメ本が素晴らしい。お料理の本は好きでいろいろ見ますが、あれはオアシス。ガイドブックを超えている。

伊藤　どのあたりが素晴らしいのでしょう？

吉本　お店のセレクトと味に対するセンスが抜群。調味料の話も厳密で、どうしてこの味が出るかという解説もしっかりある。上京するって決めた晩に家族と一緒に行ったお店も紹介してて、思い出もこもっている。あと華丸さんが決めた「選ぶ店の条件」三か条っていうのがよくて。まず、大将が出てこない店はいや。

伊藤　おおーっ。

ぶって。

吉本 第二条、たっぷり出さないで、二軒目に行きたいと思わせるのが理想の店。三つめがグラスとビールサーバーがキレイな店。その三つを満たしていたらだいたいだいじょぶって。

伊藤 ビールサーバーって、毎日洗わないとつまるんですよね。

吉本 汚いと泡立ちが悪いからすぐわかる。四十二年かけて書いた本だから、次にこの本を書けるのは八十四歳の時だとありました。

伊藤 ばななさんの三か条とは。

吉本 彼とかなり近いです。

伊藤 私は厨房がきれいなところもポイントです。でも汚くておいしいところもあるし。

吉本 そこが難しい。お店に食べに行く意味ってなんだろうってずっと考えてたんですよ。うちで作ったほうがおいしいにきまってるのに、なんで外にごはんを食べに行くんだろうと。自分のなかの長年の疑問が、この本を読んで、「あ、とけた」と。

先日息子と出張先で宿が全く空いてなくて、風呂なし部屋の旅館に泊まったんですよ。宿の人に「おいしいお店ありますか」と尋ねたら、「話が面白いおじさんがやってる焼き鳥屋さん」を教えてくれて。店の扉を開けた瞬間、不思議なにおいがしてきた。息子が「ママ、閉めて」って。カウンター越しのおじさん「そろそろ閉めようと思って」「また来ます」バタン、みたいな。
伊藤　うわー。
吉本　一瞬カウンターの上にいろんなものが積んであるのが見えた。洗濯物も干してあった。生ゴミと古い家のにおい。衣類とか布とかおじさんとか、全部が混ざったにおい。
伊藤　ちょっと行ってみたいけど、私も無理だな。
吉本　結局その晩は駅前の唐揚げセンターで軽く食べて、カップヌードル買って宿に帰ったら、ポットのお湯がぬるい。
　たまにはいいけど、こんな感じで暮らしてたら、洋服も気を遣わなくなって、きれい汚い以前に、この暮らしが当たり前になると納得した。
伊藤　本当です。
吉本　翌朝はよく知っているおいしいパン屋に駆け込んだ。そこは天国で、それを贅沢という言い方もあるけど、大切なことだと思うんですよ。そのパン屋さんが大切にしているものが何かってことも、それまでもわかっていたつもりだったけど、もっとわかった。あの日、何かを学びました。
　コンビニでカップヌードルとコーヒーも楽しいけど、ずっとそう暮らしていたら、それでよくなっちゃう。その気持ちもある意味、自然なことに思えた。

伊藤　私の仕事って、こうすると楽しいじゃんってことに気づいてもらえる仕事なのかなと思っていて。こうしてくださいとか、こうあるべきというのではなくて、こうすると楽しいよ、みたいなことに気づいてもらえる仕事なのかな、と最近わかったように思います。

吉本　そうそう。この間行ったうどん屋では、おじいちゃんがうどんをざるにあげて流し台まで延々ずってくる。それ見ちゃうとつらい。インドには行けるけど、それは耐えられない。そういうのってあります。

伊藤　ずる間にいろんなことが……。

吉本　ぜひ華丸さんの本読んでください。私、あれに芥川賞あげたい（笑）。

伊藤　買いに走ります！

バツの悪い味

ふたりの姉は七つと十違いで、小さな私にとってはずいぶん年上という印象。だからか一緒になって遊んだ記憶はあまりない。ふだんの遊び相手は、みほちゃんとえりちゃんという、おとなりに住む同じ年頃の姉妹だった。ちょうど私の部屋のベッド横の小窓から、ふたりの部屋の窓が近く、大きな声を出せば会話ができる。

「明日、幼稚園が終わったら遊ぼうよ」「今日のおやつ、なんだった?」私たちは窓越しに他愛もないことを話した。

ある日、おねえちゃんのみほちゃんが「ねぇ、アイス買いに行かない?」と言う。え、子どもだけで? お金も持っていないし、そんなことしたら叱られるよ。しばしの問答があったものの、なかなかスリルある、そして魅力的なその誘いを断りきることはできなかった。

私たちは、三人連れ立って坂の下の小さなスーパーまで行き、近くのベンチに座ってアイスを食べた。値段はたしか三〇円とか五〇円だったのではないか。お金はみほちゃんが出してくれた。

甘いはずのアイスキャンディーは、なんだか苦く感じられた。大人に見つかるのではないか、見つかったらなんて言えばいいのか。そんな思いが頭の中をぐるぐる巡って、おいしいなんて感じる余裕などなかったのだ。

夕暮れ、後ろめたい気分で家に帰ると、母が「さっき、アイス食べてたわね」と言う。見られていたのだ。静かに怒っているらしく、「お金、返してらっしゃい」と小銭を握らされた。

いつにない母の厳しい横顔に怯えつつも、じつはこの時、ちょっとホッとした気持ちになっていた。口の中に残っていたバツの悪い味が、母に見つかったことでサーッと消えていったような気がしたのだ。

悪いことはするもんじゃぁない。あの時の口の中の味を思い出すたび、そう思う。早めに知ったのは、自分にとってよかったのかもしれない、今はそう思っている。

カップヌードルカレー味

カップラーメンを初めて食べたのは小学校低学年の頃だったと思う。お湯を入れて三分待つだけで、ラーメンが出来上がるなんて、まるで魔法みたいだと思った。

うきうきしてラーメンをすする私に母は「野菜の炒めたのを上に載せる?」とか「ネギだけでも切って入れたほうがおいしいんじゃないの」などと言って心配をする。

伊藤家の食事といえば、すべて母の手作りで、できあいのものを買ってきたり、てんやものをとることは一切なかった。今にして思えば、ありがたいことなのだけれど、じつは、その時の私は、母以外の味に憧れていたのだった。

だからこそ初めてのインスタントラーメンは「素」で味わいたいと思った。野菜炒めやネギはいらない。

さてその味の感想はというと、ふーんこんなものなのかというものだった。最初のうきうきはどこへいってしまったのだろう。もう当分食べなくてもいいや。

ところがその数カ月後に友だち何人かと連れ立って行ったスケート場で食べたカレー味のカップヌードルは、驚くほどおいしかった。みんなで食べたからなのか、外で食べたからなのか、お腹が空いていたからなのか。きっとそのすべてがおいしいにつながっていたのだと思う。

窓のない部屋で好きでもない相手と食べる、贅を尽くした料理と、からりと晴れた休日、公園で食べる塩にぎりと、どちらがおいしいかと聞かれたら、それはもちろん塩にぎりだ。口に入れて喉を通り抜けるまでの感覚だけが「おいしい」ではない。

生まれてから毎日、食べることを繰り返しているけれど、とびきりおいしい思い出は、その時の情景がありありと浮かぶものばかりだ。

皿の上の風景がよいこともちろん重要だけれど、じつはそればかりではない。スケート場のカップヌードルは、そのことに気づかせてくれた。

ふとんにもぐりながら

三〇〇円とか、五〇〇円とか。遠足に持っていくお菓子はどうして値段に制限があったのだろう。そんなにたくさん持っていったところで、お弁当もあるし食べきれるはずがない。

もっと自由にさせてくれればいいのにな。

それでも、母にもらったお小遣いを握りしめ、友だちと連れ立ってお菓子を買いに行くのは楽しかった。

「あら、遠足なの?」スーパーのレジ係のおばさんが私たちに声をかける。そう、どこそこへ行くの! 人なつこい、みっちゃんが答える。昭和の頃は、今よりお店の人とお客さんの間に温度があった。

ポッキーは必ず。あとはしょっぱいものと、飴かなんか。ガムはたしか持っていってはいけなかった。しおりに書かれた注意事項を思い出し、金額をはみ出さないよう頭の中で計算する。はみ出したところで、とがめられるとも思わないけれど、あの頃は真剣だった。子どもの頃の私はかわいかったのだ。

そんな風にして準備万端用意したはずなのに、当日の朝になるとなぜだか行きたくなくなる。こそこそと台所に行き、体温計をポットの湯気に当て三十七度くらいにする。病院に行くほどでもなく、かといって熱が上がるかもしれないから遠足は大事をとって休みましょうという、微妙な体温にするのがコツ。

じつはこの方法を使って二度ほど遠足を休んだことがある。母は気づいていたのだろうか。「あらそう」わりとあっさり休ませてくれた。

私はいそいそと自分の部屋に行き、ふとんにもぐって漫画や本を片っ端から貪り読んだ。母以外、家の中に誰もいない静かな平日。ポッキーをぽりぽりかじり、喉が渇いたら水筒の麦茶を飲む。嘘をついた後ろめたさはあまりなく、ただ自由でいられることがうれしかった。

その後、ポッキーを何度となく食べたけれど、いつも思い出すのはこの時のことだ。私にとってポッキーはふとんとセットになっている。

きりりと利かす

二十代の半ば、フランス菓子を習いに行ったことがある。動機は単純。そこの店のお菓子が好きだったからである。

こんなお菓子が作れたらいいなぁ。ふわふわした気持ちで通い始めた私は初日、まわりの人との腕の差に愕然とした。聞けば「ふだんはお菓子屋さんで働いている」とか「いつか自分の店を開きたい」などというプロはだしばかり。わざわざ月に二度、飛行機に乗って通うという強者もいた。皆「やる気」である。

お菓子作りはしたことがなかったかというとそうでもなく、まぁわりと好きなほうだと思っていた私はここでは、やっとつかまり立ちができるという程度のひよっこで、足手まといに他ならなかった。とびきりおいしいフランス菓子は自分では作れないことがわかったし、労力や時間を考えたら買ったほうがいい、という結論に達し、一年で切り上げた。

それでも、通った時間を無駄にしたわけでもなくて、お菓子や材料の名称には、かなり詳しくなったと思う。それともうひとつ、なるほどなと感心したのが砂糖の利かせ方だ。

泡立てた生地に砂糖の半量を混ぜ、全体をさっくりとかき混ぜてよく馴染ませる。それから残りの半量の砂糖を入れ、軽く混ぜたら型に入れる。どうして一度に混ぜないのでしょう、入る分量は同じなのに。そう先生に尋ねるとこんな答えが返ってきた。

「生地に砂糖がすべて混ざりこんでいるよりも、ところどころのほうが甘みが感じられるでしょう?」

この時の先生の言葉は、お菓子作りだけでなく、その後の料理作りに大いに役立つこととなった。料理の仕上げに塩をひとふり。するとまず最初、舌先に塩気が感じられ、その後肉なり、スープなりの味がじんわりとやってくる。フルーツのマリネにバルサミコを、サラダの仕上げにオリーブオイルを……まずすべて混ぜ合わせず、ちょっと引き算して、最後に中心となる味をきりりと利かす。料理の味がぼやけなくなったのは、このおかげに他ならない。

旅に出る

ひとところにじっとしているといてもたってもいられなくなって、どこかへ旅をしたくなる。スケジュールの算段をし、旅立ちの日を目標に、仕事や日常のあれこれを片づける。旅は気分転換でもあるし、日々の区切りの役割もしてくれている。

旅仕度はいたって簡単。最低限の着替えと化粧道具、それから本。たいてい出発の朝に十分ほどで準備をする。

仕度に時間をかけない分、旅の前、何に情熱を注ぐかというと、それはやっぱり食べることではないか。あそこに行ったらあれ食べよう。今の季節はどんな料理が待っているのか。市場には何が出回っているんだろう。頭の中は旅先の「おいしい」でいっぱいになる。

組み立て方はこうだ。

まず晩ごはんをどこで食べるか決める。それから、その後のバーはどこ、昼はどこ、甘いものは……という具合に肉づけをしていく。

それ以外は、ホテルで本を読むもよし、昼寝するもよし、のんびり散歩するもよし。前のように、せっかくだからとあれこれ出かけることは少なくなった。一日三回の食事を楽しむために、体調を整え、万全の態勢で臨むことにしている。

旅の同行者は同じ気合いで臨める人でいて欲しい。食い意地が張っていて、胃袋の許容量が大きく、酒飲みで、できたら甘いものもイケる人がいい。

そろそろ旅も終わりに近づいてくると、次は帰る道すがら食べるお弁当の調達に走る。京都だったら祇園の鯖鮨、名古屋だったら大須の天むす、というようにたいていは決まっている。

帰りの新幹線の中で、いそいそ包みを開き、ビールと一緒に頰張ると、いよいよ旅の終わりを感じる。ああ楽しかった、次はどこへ行こうかなと、また次の旅を計画する。それの繰り返し。

海苔弁

海外を旅した向田邦子さんが日本に帰ってまずはじめに作ったものは、海苔弁だったという。

お弁当箱にふわりとごはんを盛り、削り鰹に醬油をまぶしたものをうすくしき、その上に炙った海苔を載せ、またごはん。それを三回繰り返し、最後にごはんを載せたら出来上がり。蓋をして五分ほど蒸らしてから食べる。

食べたこともない料理をおいしいめずらしいと喜び、ああだから旅は楽しいと心から思うものの、旅の終盤いつもこの海苔弁の一文が頭にちらつく。

醬油をまとった海苔、茶色く色づいたごはん。他におかずなど何もいらない。海苔弁と熱いほうじ茶さえあればいい。

「ふつうにおいしい」という言葉を初めて聞いた時、少々びっくりした。「ふつう」と

「おいしい」を結びつけるなんて乱暴ではないか。でもすぐに思い直した。とても正直でよい言葉なのではないか。

私の「ふつうにおいしい」の解釈はこうだ。特別ではない、馴染んだ、いつもの味。何度でも食べたくなる、また何度食べても飽きない味。

炊きたての白いごはん、お味噌汁、お漬物。海苔弁もこの仲間に入る。今まで何度となく食べてきたこれらの味は、あまりに身近でふだんありがたみを感じることは少ない。親元をはなれてひとりで暮らし始めた頃にやっと気づくのと一緒で、少し距離を置かないと気づかないことはよくある。旅に出ると、「ふつう」がいかに自分にとって大切なことかがよくわかる。

海外から戻って私がまず作るのも海苔弁である。削り節はなしで、海苔のみ。ごはん、海苔、醤油、それからごはん。それを繰り返すこと三回。蓋をして五分待てそうにない時は、向田さんの本を開き、その部分をゆっくり読むことにしている。この待ち時間が、「ふつうにおいしい」を、よりおいしく感じさせてくれる。

バッグの中には

友人がライブをするというので聴きに行った。中で、彼女が詩を書いたというチョコレートの歌が耳に残った。いつもバッグの中にチョコを入れておきたい、いつでもチョコと一緒にいたい、たしかそんな歌詞で、なんだかかわいいなぁと思ったのだ。

ライブが終わった後、そんなにチョコレート好きだったっけと尋ねたところ「ううん、全然。どちらかというと苦手だから、前からチョコレートが好きっていう女の子に憧れていたの」そんな答えが返ってきた。

そこで思い出したのがうちの娘である。コンビニで買えるひとつ一〇〇円台のものから、パリのショコラティエまでと、好きなチョコレートの守備範囲がものすごく広い。どちらがどうと比べるのではなく「それにはそれのおいしさがある」のだそうだ。なるほどねえ。

先日、子どもの頃から親しくしている三家族が娘の大学入学祝いをしてくれた。ありがたいことに入学祝いのプレゼントもいただいたのだけれど、その中のひとつに娘の小遣いではとうてい手の届かないショコラティエのチョコレートもあった。

もちろん大喜びである。「少しずつ食べるんだー」と言ってワインセラーの上段手前にうやうやしくその小箱を置いた。セラーはチョコを保管するのにちょうどいい温度なのだ。

さすがにそれは持って歩かないものの、娘のバッグの中には何かしらチョコが入っている。それを例の友だちに言ったら「いいなあ……」と少し遠い目をした。

さて私はバッグの中に何を忍ばせているかというと、塩にぎりである。食べやすいようにと小さめに握ったものを三個か四個。小腹が空いたらぱくりと食べる。おいしいし、お腹は満たされるしで、かなり気に入っているのだけれど、かわいさとしてはチョコのほうが数段上。負けたような気がして、なんだかくやしい。

死ぬ前に何が食べたいか

私が食いしん坊なのは、父の遺伝だと思っている。肉好きの大酒飲み。つねに食べることを考えている人だった。焼き魚におひたしなどのあっさりしたものがテーブルに上がると、ちょっと不機嫌そうに「もっと他に何かないか」と言う。母は冷蔵庫を覗きながら「やっぱりパパは肉なのよねえ」とぼやくのだった。

そんな父は死に際「ああシャブリが飲みたいなあ、きりっと冷えた」意識は朦朧《もうろう》としていたはずなのに、最後の力を振り絞ったのか、かなりはっきりした口調でそう私たちに伝えた。もちろん病人に酒を飲ますなどもってのほかなのだけれど、看護師さんはもうだめだと思ったのだろう、いいですよ、ただしこっそりね、と許してくれた。

冷えたシャブリは姉が用意した。

みんなでゆっくり口に含ませると、満足そうな、幸せそうな顔をして旅立った。それは父らしい最期だった。

時々、最後に食べるものをひとつえらぶとしたら何にする？　そんな会話になる。新潟出身、無類の米好きの友だちは「白いごはん」と断言した。「それと焼き鮭でしょ、それから明太子、おいしいお漬物に、卵焼きもあるといいなあ……」もうすでにひとつでなくなっているではないか。

鮨がいい、いやいや俺は焼き鳥だ。好きな食べ物を思い浮かべる人もいれば「どこそこのあれ」と特別な想いのある一皿をあげる人もいてなかなか興味深い。

私は何はさておき、シャンパンがいいと思っている。大好物だし、乾燥した病室では、さぞかしおいしく感じるにちがいない。その時はどうぞよろしくと娘に伝えたところ「銘柄も教えておいて」と言うので、今どこにしようか迷っている。あれもいいし、これもいい。

せっかくだし奮発してしまえ。そうしてえらんだシャンパンをすいーっと飲んで、軽やかに旅立ちたいと思っている。

鈴蘭の咲く季節に

「日々」という冊子の編集長をしていらした高橋良枝さんとは、親子ほども年が離れているのに不思議と気が合った。料理上手の食いしん坊。好奇心が人一倍旺盛で、旅好き、めんどくさいことが大キライなところは、私とどこか似ているなぁ。大先輩にこんなことを思うのはおこがましいのだけれど、高橋さんと一緒にいる時、よくそんなことを思った。

いつ頃から始まったのか、毎年五月のはじめ、高橋さんのお宅で「鈴蘭の会」と称して、みんなで集まるのが恒例となっている。「さあ、何を作ろうかしらね」電話の向こうで腕まくりして張り切る高橋さんの様子が想像できた。

イタリア料理、中華、懐かしの昭和ごはん。味も、そしてしつらえも。高橋さんのもてなしはいつも洗練されていて、それはすてきだった。洗いものでもしましょうか？　お手伝い役を買って出ても「いいのよ、いいのよ」と言ってひとり台所にこもって料理を作り、私たちにふるまってくれる。「おいしいと言ってくれるのが何よりうれしいのよ」という言葉に甘え、私は実家に帰った娘のようにくつろいだ。

素材えらびに始まり、お出汁の取り方、卵焼きの焼き方、フォカッチャの焼き方など、高橋さんから教えていただいたことは数知れず。同じ素材で同じように作っても、高橋さんの味にはちっともおよばない。経験に加えて、持って生まれたセンスが違うのだと、何度思ったことだろう。母とはまた違う、高橋さんのような人生の先輩の存在は、私にとってかけがえのないものだった。

そんな高橋さんは、今年の鈴蘭の季節、春風のように逝ってしまった。去り際の軽やかさはいかにも高橋さんらしかったけれど、軽やか過ぎて実感が湧かない。まだまだいろいろ一緒においしいものを食べたかった。高橋さんのごはんも食べたかった。そう思うけれど「何めそめそしてるの、まさこさんらしくないわよ」そんな声が聞こえてきそうだから、今日も私は元気に食べる。もりもり、もりもりと。

初出一覧

○オオヤミノルさんとの対談（GINGER L. 2014 AUTUMN Vol.16）
○若山嘉代子さんとの対談（GINGER L. 2014 WINTER Vol.17）
○長野陽一さんとの対談（GINGER L. 2015 SPRING Vol.18）
○崎陽軒（GINGER L. 2015 SUMMER Vol.19）
○陳志清さんとの対談（GINGER L.2016 AUTUMN Vol.24）
○赤木明登さんとの対談（GINGER L. 2015 WINTER Vol.21）
○日置武晴さんと木村拓さんとの鼎談（GINGER L. 2016 SUMMER Vol.23）
○河田勝彦さんとの対談（GINGER L. 2015 AUTUMN Vol.20）
○吉本ばななさんとの対談（GINGER L. 2016 SPRING Vol.22）

そのほかは書き下ろし。

伊藤まさこ

1970年横浜生まれ。料理や雑貨など暮らしまわりのスタイリストとして雑誌や書籍で活躍。自他ともに認める食いしん坊で、おいしいものを探して各地を飛び回っている。著書に、『夕方5時から お酒とごはん』『おべんと帖百』『おべんと探訪記』『おいしい時間をあの人と』など。

おいしいってなんだろ？

2017年7月25日　第1刷発行

著　者　伊藤まさこ
発行者　見城 徹

デザイン　有山達也、山本祐衣（アリヤマデザインストア）
写　真　長野陽一

発行所　株式会社 幻冬舎
〒151-0051 東京都渋谷区千駄ヶ谷 4-9-7
電話　03（5411）6211（編集）
　　　03（5411）6222（営業）
振替　00120-8-767643
印刷・製本所　株式会社 光邦

検印廃止

ISBN978-4-344-03145-6 C0095
幻冬舎ホームページアドレス　http://www.gentosha.co.jp/

この本に関するご意見・ご感想をメールでお寄せいただく場合は、
comment@gentosha.co.jp まで。